Zu diesem Buch

Eine befriedigende Beziehung, ob zum Freund, Geschäftspartner oder Geliebten, fällt nicht vom Himmel; man kann etwas dafür tun. Nicht nur der Zeitpunkt der Begegnung ist wichtig; ganz entscheidend ist die innere Bereitschaft, offen und wach eine neue Beziehung zu suchen und wirklich zuzulassen. Und das läßt sich durchaus selbst bestimmen. Wie diese vorbereitenden Schritte ablaufen können, macht John Selby, bekannter Atem-, Körper- und Augentherapeut, einleuchtend klar.

John Selby, geboren 1945, studierte an der Princeton University. Seine praktische therapeutische Ausbildung erhielt er am Radix Institut. Verschiedene Forschungsaufträge führten ihn u. a. an das Neuropsychiatrische Institut in New Jersey. Seit 1982 arbeitet er in der Bundesrepublik Deutschland und in der Schweiz. Er ist Co-Autor von Lisette Scholl: «Das Augenübungsbuch» (rororo 7881).

John Selby

Einander finden

*Übungen zur Psychologie
der Begegnung in Freundschaft,
Beruf und Liebe*

Aus dem Amerikanischen von
Marianne Gollub

Rowohlt

Umschlagentwurf: Reinhard Köster
Fotos: Birgitta Steiner und Budd Smith

12.–17. Tausend Oktober 1986

Originalausgabe
Veröffentlicht im Rowohlt Taschenbuch Verlag GmbH,
Reinbek bei Hamburg, Juli 1986
Redaktion Beate Laura Menzel
Copyright © 1986 by Rowohlt Taschenbuch Verlag GmbH,
Reinbek bei Hamburg
Satz Garamond (Linotron 202)
Gesamtherstellung Clausen & Bosse, Leck
Printed in Germany
880-ISBN 3 499 17991 1

Inhalt

Vorwort 11

Einleitung 13

Kapitel eins:
Sich klarwerden über die derzeitigen Bedürfnisse 21
Die acht grundlegenden menschlichen Bedürfnisse 22
Die Vorstellung vom Idealpartner 29
Was haben Sie anzubieten? 31
Innere Reflexionen – sich selbst finden 34
Der Schritt des Herzens 36

Kapitel zwei:
Vorbereitungen auf die «Jagd» 40
Der Blick des Jägers 42
Die persönliche Stärke erhöhen 44
Ihre persönliche Anziehungskraft 48
Ihre Beziehung zu sich selbst 51

Kapitel drei: Emotionale Entwicklung 55
Die Kindheit und frühere Bindungen 55
Techniken zur emotionalen Heilung 61

Kapitel vier:
Übungen zur Entwicklung der persönlichen Kraft 67
Zentrieren 69
Geist-Körper-Integration 72
Lust an der Bewegung 74
Erhöhung der vitalen Energie 79
Das innere Lächeln 81
Übersicht über die Übungen zur
Entwicklung der persönlichen Kraft 83

Kapitel fünf:
Techniken zur Erweiterung Ihrer Wahrnehmungsfähigkeit 84
Die vier Arten des Sehens 85
Das «Jagen» üben 94

Kapitel sechs:
Übungen zur Stärkung der persönlichen Anziehungskraft 95
Massieren 96
Das «Vorn-über-baumeln» 98
Stimulieren des ganzen Körpers 101
Integration von Stärke und Freude 103

Kapitel sieben: Wie ein Jäger denken und fühlen 107
Sich selbst immer «im Auge behalten» 108
Mit dem Herzen sehen 109
Ihr Gegenüber 111
Leben im Hier und Jetzt 113

Verstärkung der persönlichen Anziehungskraft 114
Glaube und Wahrnehmung 116

Kapitel acht: Die Jagd beginnt 126
Suchen und Finden 131
Die Jagd auf einen bekannten Freund 133
Die Jagd nach dem Unbekannten 135
Der Schock des Erkennens 136
Sie werden gejagt 138
Der wundervolle Kampf 140
Ehrlichkeit von Anfang an 141
Dominanz oder Gleichwertigkeit 142
Vertrauen 144
Geben Sie sich Zeit 146

Kapitel neun: Gute Beziehungen 148
Nähe und Abstand 149
Andere Kontakte 151
Die Partnerschaft 153
Sicherheit gegen Freiheit 154
Ihr Bild von Ihrem Partner 155
Die Trennung 157

Kapitel zehn: Was ich noch sagen wollte... 159
Die Freude an der Suche 159
Die Energie der Liebe 161
Was ist jetzt zu tun? 162

Anhang
Übersicht über das Übungsprogramm 165
Übersicht über die einzelnen Bewegungsübungen 168
Cassetten-Programm 169

Damit zwei Menschen einander finden können,
müssen sie zuerst sich selbst gefunden haben.
Dann ist der Weg zum anderen nicht mehr weit.

Weisheit der Papago-Indianer

Vorwort

Jeder nimmt dieses Buch aus einem anderen Grund in die Hand. Einige suchen vielleicht nach neuen Wegen, endlich den Lebenspartner zu finden, der zu ihnen paßt. Bei anderen mag diese Sehnsucht bereits erfüllt sein, aber sie sind auf der Suche nach einem bestimmten Menschen, der ihnen beruflich weiterhelfen kann. Und wieder andere sind daran interessiert, zu einem besseren Verständnis der eigenen Person im Umgang mit anderen zu kommen.
Wir alle haben schon irgendwann einmal die geradezu «magische» Qualität des sogenannten Zufalls kennengelernt, wenn in einer Situation, in der wir etwas oder jemanden dringend brauchten, genau ebendies geschah oder wir genau den Menschen, der uns jetzt helfen konnte, plötzlich zufällig kennenlernten.
Manche Menschen scheinen in ihrem Leben geradezu vom Glück verfolgt zu sein. Sie sind ständig von Freunden umgeben, die sie so akzeptieren und mögen, wie sie sind; und falls sie neue Bedürfnisse entwickeln, die der gegenwärtige Kreis

von Freunden und Bekannten nicht erfüllen kann, finden sie erstaunlich schnell genau die Menschen, die sie brauchen.

In meiner langjährigen therapeutischen Arbeit konnte ich feststellen, daß die Möglichkeit, die richtigen Menschen anzuziehen und mit ihnen Kontakt aufzunehmen, nicht ausschließlich eine Frage des Zufalls ist, sondern daß es bestimmte Faktoren gibt, die die Fähigkeit, den gewünschten Menschen zu treffen, behindern oder fördern können. Diese Faktoren sind es, die ich Ihnen bewußtmachen möchte, und in den folgenden Kapiteln werden wir mit praktischen Übungen Ihre Fähigkeit üben, das zu finden bzw. «anzuziehen», was Sie suchen und brauchen.

Einleitung

Die meisten Menschen haben, mindestens einmal in ihrem Leben, eine völlig unerwartete Begegnung mit einem fremden Menschen erlebt, ein scheinbar zufälliges Zusammentreffen, das sich dann zu einer Liebesaffaire, einer neuen Freundschaft oder vielleicht zu einer erfolgreichen Geschäftsbeziehung entwickelte.
Manche Menschen scheinen von Natur aus die Fähigkeit zu haben, stets die richtigen Menschen anzuziehen und mit Leichtigkeit neue Beziehungen zu knüpfen, die ihre verschiedenen Bedürfnisse erfüllen. Andererseits fällt es vielen von uns manchmal schwer, genau die Kontakte zu finden, die wir brauchen und die wir uns wünschen. Ist es wirklich nur ein glücklicher Zufall, wenn genau im richtigen Moment die richtigen Menschen in unser Leben treten?
Viele Jahre haben meine Kollegen und ich in Therapiearbeit und vielen Gesprächen sowohl mit den «Glücklichen» als auch mit den scheinbaren «Pechvögeln» nach verborgenen Faktoren gesucht, die bei der Suche nach den gewünschten

Freunden oder Partnern von entscheidender Bedeutung sein könnten. Was wir herausgefunden haben, ist, daß es tatsächlich ausschlaggebende Faktoren für den Erfolg oder Mißerfolg einer solchen Suche gibt. Die sogenannten glücklichen Menschen, die ihre zwischenmenschlichen Kontaktbedürfnisse scheinbar ohne jede Anstrengung befriedigen, unternehmen bei genauerem Hinsehen sehr konkrete Schritte auf ihrer «Jagd» nach einem neuen Freund oder Lehrer, Ehepartner oder Geschäftspartner. Die Menschen, die Schwierigkeiten haben, solche Bedürfnisse zu befriedigen, dagegen versagen fast immer bei diesen Schritten, die erforderlich sind, um «einander zu finden».

In den folgenden Kapiteln werde ich diese notwendigen Schritte erläutern und auch die Techniken beschreiben, die meine Kollegen und ich entwickelt haben, um die Schwierigkeiten zu überwinden, die einer erfolgreichen «Jagd» nach neuen Partnern oder Freunden entgegenstehen.

Vielleicht finden Sie es merkwürdig, daß ich häufiger das Wort «Jagen» benutze, wenn ich davon spreche, das Bedürfnis nach zwischenmenschlichen Beziehungen zu befriedigen. Im allgemeinen verleugnen wir in unser heutigen Kultur unsere natürlichen, angeborenen Jagdinstinkte, und unser Selbstbild ist nicht gerade das eines Jägers. Die Suche nach einem bestimmten Menschen erfordert von Ihnen jedoch die Fähigkeiten eines Jägers. Wenn Sie nicht auf die Jagd gehen nach diesem Menschen, wenn Sie also nicht sehr bewußt und aktiv nach ihm suchen, werden Sie mit großer Wahrscheinlichkeit nicht denjenigen finden, der Ihren Bedürfnissen entspricht. Zudem haben schlechte Erfahrungen bei den meisten von uns dazu geführt, daß unsere natürlichen Fähigkeiten, aktiv auf die Jagd nach dem zu gehen, was wir brauchen, eingeschränkt sind.

Die traditionelle Psychologie und ein gewisses Maß an gesun-

dem Menschenverstand können uns bei den ersten Versuchen, unsere Hemmungen zu überwinden und unsere Fähigkeiten als Jäger zu entwickeln, helfen. Wie wir im ersten Kapitel sehen werden, ist es wichtig, sich über die gegenwärtigen Gefühle und Bedürfnisse überhaupt erst einmal klarzuwerden. Das Gefühl der Einsamkeit und die leidenschaftliche Sehnsucht nach einem Partner können unsere Wahrnehmungsfähigkeit, unseren klaren Blick trüben und uns so daran hindern, den richtigen Menschen zu finden. Diesen Nebel zu lichten ist der erste wichtige Schritt, die Voraussetzung für jede gezielte erfolgreiche Suche.
Darüber hinaus möchte ich Ihnen aber noch einen anderen Ansatz nahebringen, wie Sie «einander finden» können. Statt nämlich übermäßig auf die Ängste und Hemmungen einzugehen, die der Erfüllung der Wünsche entgegenstehen, arbeite ich mit meinen Klienten wesentlich erfolgreicher mit den verschiedenen Jagdtechniken und -meditationen, welche die jedem Menschen angeborenen Jagdfähigkeiten wecken und entwickeln. Schließlich hängt doch unser ganzes Leben stets davon ab, daß wir zu jeder Zeit die Dinge und Menschen finden, die wir gerade brauchen. Ob wir nun ein Glas Orangensaft brauchen oder einen Spezialisten für Münzen des dreizehnten Jahrhunderts; wir müssen auf die Jagd gehen und aktiv suchen, um das zu finden, was wir brauchen.
Sie machen sich also auf die Suche nach einem Menschen, der Ihre Bedürfnisse befriedigen könnte. Sie sind auf der Jagd, wahrscheinlich nach einem neuen Freund oder Partner, und dann, vielleicht in einem Moment, in dem Sie es am wenigsten erwarten, begegnen Sie ihm plötzlich, und Ihr Jagdinstinkt sagt Ihnen, daß Sie genau der Person gegenüberstehen, nach der Sie gesucht haben.
Ihr nächster Schritt ist äußerst wichtig für den Erfolg der Begegnung. Auch wenn Sie die Vorbereitungen für die Jagd er-

folgreich gemeistert und die gewünschte Person nun gefunden haben – der Augenblick der Begegnung ist immer eine Überraschung, ein Schock; die ersehnte Begegnung kann durchaus in ein Nichts zerfließen, wenn Sie nicht darauf vorbereitet sind, jetzt richtig zu reagieren.

Ich selbst bin in einer Indianer-Reservation der Papao aufgewachsen, und ich erinnere mich noch genau daran, wie ich zum erstenmal einen Indianer auf die Jagd begleiten durfte. Ich war damals noch zu jung und wohl auch zu sehr ein «weißer Mann», um alles verstehen zu können, was mein indianischer Freund mir beizubringen versuchte, aber einige meiner Eindrücke dieser Jagd, die für mein Leben und auch bei der Entstehung dieses Buches von entscheidender Bedeutung waren, möchte ich Ihnen doch vermitteln.

Diese indianische Jagd begann damit, daß wir zunächst einmal mehrere Stunden still beisammensaßen und meditierten, um Kontakt mit dem Wild aufzunehmen, das wir erlegen wollten, weil die Familie meines Freundes Nahrung brauchte. Erst als mein Freund das sichere Gefühl hatte, mit dem Tier Kontakt aufgenommen zu haben, das irgendwo dort draußen in der Wildnis Arizonas war, begann er zu handeln.

Die Art seines Handelns beeindruckte mich sehr. Ruhig und gelassen, ohne jede Aufregung machte er sich auf den Weg. Er schien völlig auf die Gegenwart konzentriert und keinesfalls gedanklich mit der bevorstehenden Begegnung beschäftigt. Er strahlte eine innere Stärke und Sicherheit aus, die mich sehr beeindruckte, eine Kraft, die von innen heraus zu strahlen schien und nichts mit Muskelkraft und Angebertum zu tun hatte. Für ihn schien Jagen und Meditieren eins zu sein. Auf irgendeine Weise schien er den Kontakt zu dem Tier aufrechtzuerhalten, während wir uns auf den Weg machten, um es zu finden.

Nach Stunden des Laufens schließlich setzten wir uns am Eingang einer Schlucht ruhig nieder. Die Sonne stand inzwischen tief und mir wurde kalt, er aber blieb ruhig, bewegungslos, starrte nur auf die vor uns liegende Lichtung, während ich mit der Zeit doch die Konzentration verlor und in Gedanken und Tagträume abschweifte. Plötzlich sah ich den Hirsch, nach dem wir gesucht hatten. Er kam aus der Schlucht und betrat die Lichtung. Er lief ein paar Schritte, hielt dann inne und blickte zu uns hinüber, ja starrte uns direkt an. Der Schock des Erkennens. Mein Freund hob sein Gewehr und schoß. Danach aber sprang er keineswegs auf und feierte laut seinen Sieg, sondern blieb ruhig sitzen und begann einen indianischen Gesang, ein Gebet, in dem er darum bat, den Geist und die Kraft des Tieres empfangen zu dürfen, und er bedankte sich dafür, daß er es wert sei, seine Jagd so erfolgreich zu beenden.

Natürlich möchte ich Sie mit diesem Buch nicht auf die nächste Jagdsaison vorbereiten. Ihnen dieses Jagdbeispiel zu geben, war mir deshalb so wichtig, weil wir viele der tieferen Aspekte dieser Techniken auch auf unsere ganz persönliche «Jagd» nach den Dingen oder Menschen, die wir brauchen, anwenden können.

In den folgenden Kapiteln werden wir uns also mit den Vorbereitungen zur Jagd beschäftigen, dann mit der Jagd selbst und damit, wie Sie die gewünschte Begegnung erfolgreich bestehen und zu einer befriedigenden Beziehung ausbauen können.

Die Übungen und Meditationstechniken haben wir aus den verschiedensten Kulturkreisen zusammengetragen. Je tiefer meine Kollegen und ich in die Materie einstiegen, desto klarer wurde uns: Damit zwei Menschen sich begegnen können, muß zwischen ihnen eine bestimmte Beziehung bestehen, und zwar bereits *bevor* sie sich tatsächlich begegnen, denn die

Erwartungshaltung, das Bewußtsein, intensiv auf der Suche nach dem anderen zu sein, ist ein wesentliches Element für den Erfolg der Begegnung.
Nach unseren traditionellen Vorstellungen gestaltet sich unsere Suche nach einem Partner hautpsächlich so: Ein Mensch ist solange auf der Suche nach der Befriedigung seiner Bedürfnisse bis er jemanden trifft, scheinbar zufällig «von außen». Tatsächlich aber ist hier viel weniger der Zufall im Spiel, als man gemeinhin glaubt. Es handelt sich immer um zwei Menschen, also zwei Bewußtseinszentren, die sich gegenseitig anziehen, bis sie sich begegnen. Das bedeutet, daß in diesem Moment, während Sie auf der Suche nach «Ihrem» Partner sind, dieser zukünftige Partner sehr wahrscheinlich ebenso nach Ihnen sucht. Der erste Schritt einer erfolgreichen Jagd ist also immer der, sich bewußt zu werden, daß irgendwo da draußen jemand ist, der auf der Jagd nach Ihnen ist, und daß Sie nicht nur der Jäger, sondern gleichzeitig ebenso der Gejagte, das «Wild», sind!
Unsere Vorstellung von einem Jäger ist leider allzu oft übermäßig beeinflußt durch Abenteuer- und Kriminalfilme, durch Bilder vom Anschleichen, Angreifen und Töten. Diese Vorstellung vom Jäger paßt vielleicht in das Drehbuch eines Unterhaltungsfilms, hat aber mit einer wirklichen Jagd nicht das mindeste zu tun! Wir «jagen» unser Leben lang nach den Dingen, die wir brauchen, und diese Jagd hat fast niemals etwas zu tun mit Angriff und Töten.
Dennoch sind die Schritte, die ein erfahrener Jäger eines Naturvolkes unternimmt, um ein Wild zu finden, durchaus die gleichen, die auch Sie tun sollten, um den Menschen zu finden, den Sie brauchen und der nach Ihnen jagt, weil er Sie braucht:
Klarheit darüber, was Sie wirklich wollen,
stets offene Augen für alles Geschehen um Sie herum,

die Bereitschaft, jederzeit entsprechend zu reagieren, wenn der Augenblick der Begegnung gekommen ist,
Geduld und innere Stärke und Ruhe in dem aufregenden Augenblick der ersten Begegnung.
Lassen Sie uns gleich mit dem ersten Schritt beginnen, nämlich der Klarheit darüber, was Sie wirklich wollen. Unsere seelischen Bedürfnisse drücken sich als körperliche Empfindungen aus, und zwar so stark, daß sie uns dazu antreiben, aktiv zu werden. Manchmal kann das Gefühl der Sehnsucht, des enttäuschten Verlangens so schmerzhaft sein, daß wir versuchen, dieses Schmerzempfinden zu vermeiden, indem wir nicht auf unseren Körper achten und seine Hilferufe überhören. Wir verlieren uns in Gedanken, in Zukunftspläne oder Erinnerungen, und halten uns selten in der Gegenwart auf, um das gegenwärtige, schmerzliche Gefühl im Körper auszuschalten. Doch die Empfindungen unseres Körpers, ob schmerzhaft oder nicht, sind die Quelle unserer persönlichen Stärke, die wir für unsere Jagd brauchen. Deshalb muß der erste Schritt in der Vorbereitung der Jagd immer darin bestehen, in die Gegenwart zurückzukehren, zu unseren körperlichen Empfindungen und unseren Gefühlen.
Lassen Sie uns gleich jetzt mit dem ersten Schritt beginnen: Legen Sie das Buch einen Moment zur Seite und beobachten Sie einmal Ihre Atmung – was sagt Ihre Atmung Ihnen über Ihre momentanen Gefühle, über das Ausmaß Ihrer persönlichen Stärke, über Ihre Bereitschaft, auf die Jagd zu gehen?!
Beobachten Sie die nächsten sechs Atemzüge lang, wie die Luft durch Ihre Nase ein- und ausströmt. Diese kleine Übung bringt Ihr Bewußtsein automatisch sofort in die Gegenwart. Sobald Sie sich der Empfindung der durch die Nase ein- und ausströmenden Luft bewußt sind, schließen Sie die durch das Atmen verursachten Bewegungen des Brustkorbs, des Bauches, des Rückens und des Beckenbereiches in dieses aktive

Bewußtsein mit ein. Beeinflussen Sie Ihre Atmung nicht, bemühen Sie sich nicht, auf eine bestimmte Art zu atmen, sondern beobachten Sie einfach nur ganz passiv, was geschieht, wenn Sie sich auf die ein- und ausströmende Luft konzentrieren und

die Bewegungen des Körpers, die von dem Atemvorgang berührt werden, erspüren. Zählen Sie im Geist bei jedem Ausatmen mit, vom ersten bis zum sechsten Ausatmen. Dies wird Ihnen helfen, Ihre Gedanken auf das Beobachten des Atmens zu konzentrieren.

Jetzt nehmen Sie das Buch wieder zur Hand, und versuchen Sie sich auch nach diesen sechs Atemzügen Ihrer Atmung bewußt zu bleiben, so daß Sie während des Lesens Ihre eigenen momentanen Gefühle stärker erfahren können.

Kapitel eins

Sich klarwerden über die derzeitigen Bedürfnisse

Wenn wir über die Natur menschlicher Bedürfnisse im allgemeinen reflektieren, wird uns klar, daß alle unsere Handlungen tatsächlich durch irgendein Bedürfnis ausgelöst werden. Ohne den Druck, den ein sehnlicher Wunsch oder ein starkes Bedürfnis in uns wachrufen, wären wir mit unserer jetzigen Situation zufrieden und würden einfach nur den Augenblick der Gegenwart genießen.
Die meiste Zeit unseres Lebens aber verbringen wir nicht in diesem Zustand der Zufriedenheit. Wir sind regelmäßig zum Handeln gezwungen, um unseren Hunger und Durst zu befriedigen, und die Temperatur, das Wetter, kann uns sehr schnell dazu zwingen, uns um die notwendige Kleidung zu kümmern. Ein großer Teil unserer Aufmerksamkeit wird von diesen lebenswichtigen Grundbedürfnissen beansprucht. Wir stehen morgens auf und befassen uns mit den Arbeiten,

die genug Geld einbringen, um unsere materiellen Bedürfnisse mehr oder weniger gut zu befriedigen.
Aber auch dann, wenn wir mit den materiellen Dingen des Lebens hinreichend ausgestattet sind, haben wir noch Bedürfnisse, nämlich die nach zwischenmenschlichen Beziehungen; sie motivieren uns dazu, neue Begegnungen und Freunde zu suchen. Allzuoft laufen wir dabei ziellos herum und suchen nach irgend jemandem, statt vorher einmal die genaue Art unseres Bedürfnisses zu erforschen. Die Gefühlsintensität unserer Sehnsucht kann so stark sein, daß sie unser klares Denken behindert. Das Ergebnis ist, daß wir eine Enttäuschung nach der anderen erleben und schließlich in diesem wichtigen Bereich unseres Lebens deprimiert aufgeben und resignieren.

Die acht grundlegenden menschlichen Bedürfnisse

Wichtig ist also, eine praktische und realistische Einschätzung der gegenwärtigen Bedürfnisse vorzunehmen, so daß Sie eine klare Vorstellung davon haben, wen Sie brauchen und wer umgekehrt Sie brauchen könnte. Während meiner langjährigen Arbeit mit Klienten hat sich eine Art Auflistung unserer verschiedenen zwischenmenschlichen Bedürfnisse herauskristallisiert, die Ihnen sicher helfen wird, Ihre spezifischen Bedürfnisse besser herauszufinden und klarer benennen zu können.
Es scheint acht Gruppen von Bedürfnissen zu geben, die uns allen gemeinsam sind. Vielleicht werden bei Ihnen die meisten dieser Bedürfnisse durch bereits bestehende Beziehungen befriedigt. Oftmals kann auch eine Person gleichzeitig mehrere der hier aufgezählten Bedürfnisse befriedigen. Vergleichen Sie einmal Ihre persönlichen Beziehungen mit den hier aufgeführten Bedürfnissen.

1. *Die zum Überleben notwendigen Grundbedürfnisse, Nahrung, Wohnung und Kleidung.* Sollten Sie einen Menschen brauchen, der Ihnen auf dieser Ebene hilft, so kann ich nur hoffen, daß Sie ein schneller Leser sind, damit sie die Prinzipien dieses Buches möglichst schnell auf Ihre Situation anwenden können!
2. *Der richtige berufliche Partner.* Sollten Sie das Problem des nackten Überlebens gelöst haben, stoßen wir auf ein Bedürfnis, das die meisten unter uns zumindest zeitweilig haben: Das Bedürfnis, jemanden zu finden, mit dem sie arbeiten, etwa ein gemeinsames Geschäft beginnen können, jemanden, der ihnen bei einem Projekt hilft, das sie unmöglich allein erfolgreich durchführen können. Den richtigen Geschäftspartner zu finden kann ebenso wichtig und schwierig sein wie den richtigen Ehepartner zu finden.
Halten Sie einen Moment inne und beobachten Sie Ihre Atmung, während Sie über Ihre gegenwärtige finanzielle Situation nachdenken. Falls Ihre Atmung jetzt flach und angespannt ist, können wir wohl davon ausgehen, daß hier Ihr augenblicklich wichtigstes Problem liegt. Natürlich ist es möglich, daß Sie mehrere Bedürfnisse gleichzeitig haben; in diesem Fall ist es besonders wichtig, sie voneinander zu trennen, damit Ihre Suche in jedem Bereich spezifisch und effektiv sein kann. Finanzielles Überleben ist ein Grundbedürfnis, das große Ängste in uns erzeugen kann. Wir alle fürchten uns davor, nicht genug Geld zum Überleben zu haben – dahinter steht nichts Geringeres als die tief sitzende Angst vor dem Tod.
In welchem Maß trifft dies nun auf Sie zu? Haben Sie das Bedürfnis, jemanden finden zu müssen, der Ihnen hilft, Ihre finanzielle Lebensbasis zu sichern?
3. *Das Verlangen nach sexueller Vereinigung.* Halten Sie wieder inne und beobachten Sie Ihre Atmung, während Sie

darüber nachdenken, inwieweit das Verlangen nach sexueller Vereinigung auch für Sie ein starkes und bestimmendes Grundbedürfnis ist.

4. *Das Bedürfnis nach Intimität, nach körperlicher Nähe.* Dieses Bedürfnis wird oft im Zusammenhang mit sexueller Vereinigung empfunden, hat seine Wurzeln aber eigentlich in den Erfahrungen der frühesten Kindheit und muß nicht notwendigerweise mit dem Drang nach sexueller Befriedigung in Zusammenhang stehen. Wir alle beginnen unser Leben in völliger Intimität, in einer totalen Einheit mit einem anderen Menschen, im Leib unserer Mutter. Dann wird uns diese totale Nähe der Mutter Schritt für Schritt entzogen, und wir müssen lernen, ohne sie zu überleben. Aber immer noch tragen wir die Sehnsucht nach dieser Intimität in uns, und wenn wir erwachsen sind, haben wir das Bedürfnis – und auch die Möglichkeit – eine enge Beziehung mit einem neuen Partner einzugehen, der unser Bedürfnis nach Nähe, Sicherheit, Vertrauen und Gemeinsamkeit teilt.

Halten Sie nun wieder inne und beobachten Sie Ihre Atmung, während Sie sich prüfen, inwieweit Sie dieses Verlangen nach Nähe und Intimität haben.

5. *Der Wunsch nach einer Familie.* Dieses Bedürfnis wird oft erst dann deutlich, wenn das Verlagen nach Intimität und sexueller Befriedigung erfüllt ist. Wir sind innerhalb einer Familie aufgewachsen; wir stehen heute als Erwachsene im Leben, können für unser Überleben selbst und allein sorgen. Und trotzdem haben viele von uns das Verlangen nach einer eigenen Familie, nach Frau (oder Mann) und Kindern.

Sind Sie auf diesem Gebiet zufrieden mit Ihrer Lebenssituation? Sagen Sie vier Atemzüge lang unhörbar zu sich das Wort «Familie», und beobachten Sie danach Ihre Atmung. Ist Ihre Atmung jetzt verspannt, oder fließt sie tief und gleichmäßig? Würden Sie gern auf die Jagd gehen nach jemandem, mit dem Sie eine Familie gründen können?

6. *Die Sehnsucht nach einer echten Freundschaft.* Das sechste menschliche Grundbedürfnis ist das, einen Menschen zu finden, mit dem Sie ehrliche und tiefe Gespräche führen und Ihre wahren Gefühle austauschen können. Manchmal wird dieses Bedürfnis durch einen Ehepartner befriedigt; manchmal aber stellen wir fest, daß wir uns auf bestimmten Gebieten besser mit einem anderen Menschen verständigen können. In den meisten Fällen kann eine Person nicht alle unsere zwischenmenschlichen Bedürfnisse befriedigen; häufig entstehen Frustrationen durch den vergeblichen Versuch, alle zwischenmenschlichen Bereiche mit nur einem Menschen teilen und alle Bedürfnisse nur auf einen Menschen zentrieren zu wollen.

Überlegen Sie: Gibt es in Ihrem Leben jemanden, mit dem Sie eine bestimmte Art von Gesprächen führen und Ihre innersten Gefühle und dunkelsten Geheimnisse teilen können? Sehnen Sie sich danach?

7. *Die Sehnsucht, sich emotional zu entwickeln.* Dieses Grundbedürfnis kann bereits durch bestehende Beziehungen von anderer Qualität erfüllt werden. Wir wünschen uns, die in der Kindheit entstandenen Hemmungen zu überwinden, uns allgemein mehr öffnen und angstfreier auf neue Situationen zugehen zu können. Unsere emotionale Entwicklung erfordert einen Freund, der uns erlaubt, unsere aufgestauten Gefühle herauszulassen, zu weinen, wütend zu sein, zu schreien. In vielen Fällen versuchen aber gerade unsere besten Freunde uns einzureden, daß ja alles in Ordnung sei, uns zu beruhigen, gerade dann, wenn wir den Gefühlsstau kaum noch ertragen können. Viele Menschen wenden sich deshalb an einen professionellen

Therapeuten. Ich selbst habe mit Hunderten von Klienten gearbeitet, die keinesfalls seelisch krank waren, sondern lediglich Hilfestellung und einen guten Partner brauchten, der sie durch den natürlichen emotionalen Heilungsprozeß begleitete.

Oftmals neigen wir dazu, dieses Bedürfnis mit anderen zu vermischen. Viele stürzen sich von einem sexuellen Abenteuer in das nächste, weil sie unbewußt versuchen, durch den Orgasmus ihren Gefühlsdruck loszuwerden. Oft müssen in den Familien auch Kinder als «Blitzableiter» dienen, Kinder, die meist nicht die Reife oder den notwendigen gefühlsmäßigen Abstand haben, um diesen Wutausbruch akzeptieren zu können, ohne seelisch tief verletzt zu sein.

Das Ergebnis ist, daß die meisten Menschen gerade ihre negativen Gefühle zurückhalten, daß sie keine Möglichkeit sehen, Wut oder Trauer auszudrücken. Konzentrieren Sie sich auf Ihre Atmung. Spüren Sie einen Druck in Ihrer Brust? Spüren Sie, daß Sie jemanden brauchen, bei dem Sie Ihre Emotionen herauslassen können, auch dann, wenn diese Gefühle negativ sind?

8. *Das Verlangen nach einem geistigen (spirituellen) Lehrer oder Freund.* Wir sehnen uns nach jemandem, der uns helfen kann, unser Bewußtsein und unser Verständnis von der Welt und den Menschen im allgemeinen weiterzuentwickeln. Wir müssen uns durchaus nicht den Kopf rasieren oder einem Orden beitreten, um zu spüren, daß wir uns auf einem spirituellen Weg befinden; ebensowenig brauchen wir deswegen unsere anderen natürlichen Bedürfnisse zu verleugnen.

Die meisten von uns durchlaufen in ihrem Leben Phasen, in denen sie sich aus sich selbst heraus seelisch weiterentwickeln. Dann aber wiederum gibt es bei jedem von uns

Phasen, in denen wir an Grenzen zu stoßen scheinen, die wir allein nicht überwinden können. Wir sehnen uns nach Inspiration oder einfach nach einem Menschen, der den gleichen Weg geht, der ähnliche Erfahrungen gemacht hat und uns versteht und mit dem wir unsere inneren Abenteuer austauschen können. Sich bei der spirituellen Suche allein zu fühlen kann ein ebenso starkes Verlangen hervorrufen wie das nach sexueller Befriedigung.
Denken Sie einen Moment über Ihren eigenen spirituellen Weg, über Ihre Sehnsüchte nach. Wir alle sind bewußte, individuelle Wesen, die sich natürlicherweise über das Woher und Wohin, über den Sinn ihres Lebens Gedanken machen. Das Gefühl, in diesem Bereich der seelischen Entwicklung zu stagnieren, kann quälend sein, und so ist die Jagd nach jemandem, der uns auf diesem Gebiet weiterhelfen kann, vielleicht die größte Herausforderung für uns. Wie ist das bei Ihnen? Fühlen Sie das Verlangen, sich auf die Suche zu begeben nach einem spirituellen Wegbegleiter oder Lehrer?

Nun haben wir also einen allgemeinen Überblick über unsere verschiedenen Bedürfnisse, deren Befriedigung wir uns von den zwischenmenschlichen Beziehungen erhoffen. Lesen Sie jetzt die folgende Liste langsam durch, und beobachten Sie dabei Ihre Atmung. Zu welchem Wort fühlen Sie sich am meisten hingezogen? Sagen Sie die Worte unhörbar zu sich selbst, und beobachten Sie, welche Gefühle bei jedem Wort in Ihnen hochsteigen.

1. Materielles Überleben
2. Geschäftspartner oder berufliche Unterstützung
3. Sexuelle Befriedigung
4. Intimität

5. Familie
6. Freundschaften
7. Emotionale Entwicklung
8. Spirituelle Entwicklung

Natürlich können wir diese Liste endlos erweitern. Die acht Stichworte können Ihnen lediglich eine grobe Struktur geben, die Sie mit Ihren persönlichen, ganz speziellen Bedürfnissen auskleiden sollten. Manchmal haben Sie vielleicht ein ganz spezielles Bedürfnis, zum Beispiel den richtigen Partner zum Tennisspielen zu finden. Oder Sie suchen gerade einen guten Automechaniker. Oder einen Arzt, mit dem Sie die gleiche Einstellung zur Medizin teilen und der die Heilmethoden anwendet, die Ihnen entsprechen. Manchmal suchen wir einen Käufer für ein bestimmtes Objekt, das wir verkaufen wollen; wir brauchen eigentlich immer irgend jemanden Spezielles für die tausend kleinen Transaktionen des täglichen Lebens.

Ich möchte Ihnen vorschlagen, jetzt einen Bogen Papier und etwas zum Schreiben in die Hand zu nehmen und Ihre ganz speziellen, aktuellen Bedürfnisse niederzuschreiben. Manche Menschen tun dies mit einem Satz, andere schreiben einen Bogen nach dem anderen voll, um ihre inneren Gefühle und Bedürfnisse auszudrücken. Schreiben Sie einfach so, wie es sich bei Ihnen natürlicherweise ergibt; lassen Sie sich von dem überraschen, was Ihnen einfällt, während Sie ihre Gefühle und Gedanken niederschreiben.

Folgende Hinweise können Ihnen helfen, sich über die Natur Ihres Verlangens nach einer neuen Beziehung klarzuwerden.

Achten Sie zum Beispiel einmal auf das körperliche Gefühl, das Sie in gerade diesem Moment spüren, und reflektieren Sie darüber, wie lange Sie genau dieses Gefühl schon mit sich herumtragen. Ist es neu, oder spüren Sie es schon seit langer Zeit, vielleicht sogar schon seit Ihrer frühen Kindheit? Gab es in der Vergangenheit jemanden, der genau dieses Gefühl hervorgerufen oder befriedigt hat? Haben Sie schon einmal eine erfüllende Beziehung gehabt, die dann wieder entzwei ging? Mit wem?

Hier ist Ehrlichkeit von größter Wichtigkeit. Ich stelle Ihnen Fragen, über die Sie vielleicht lieber nicht nachdenken möchten, weil mit der Erinnerung Schmerz verbunden ist. Trotzdem möchte ich Sie ermutigen, mit Ihren Gefühlen in Kontakt zu bleiben, zu beobachten, wie Ihre Atmung auf diese Gefühle reagiert, und damit zusammenhängende Erinnerungen ruhig an die Oberfläche kommen zu lassen. Um solche Atem- und Gefühlsblockaden zu durchbrechen, ist es nötig, daß Sie sich ihnen stellen, daß Sie sich genau mit dem befassen, was Sie normalerweise verdrängen. Denn nur wenn Sie sich den schmerzvollen Erinnerungen stellen und sie akzeptieren, etwa, daß Sie Ihren alten Partner oder Freund verloren haben, können Sie beginnen, sich für eine neue Begegnung zu öffnen. Jede Beziehung ist in sich einzigartig. Mit jedem Menschen, mit dem Sie zusammen sind, erschaffen Sie in Ihrer beider Beziehung etwas, das so nie vorher existiert hat. Also kann ein neuer Freund oder Liebhaber niemals wirklich ein Bedürfnis befriedigen, das etwas mit der früheren Beziehung zu tun hat. Wir müssen uns von der Vergangenheit lösen, um uns für eine neue Begegnung zu öffnen.

Die Vorstellung vom Idealpartner

Obwohl die Person, der Sie begegnen werden, nicht vollkommen der Vorstellung Ihres Idealpartners entsprechen wird, sollten wir uns an dieser Stelle einmal näher mit diesem

Idealbild, das Sie ständig mit sich herumtragen, beschäftigen. Das ist nötig, damit Sie sich klar darüber werden, in welcher Weise Sie Ihre Wahrnehmung bereits vorprogrammieren, ohne sich dessen bewußt zu sein.
Wir alle haben unsere ganz eigenen, bestimmten Sehgewohnheiten, die das, was wir als «Realität» bezeichnen, stark beeinflussen und einengen. Der erste Schritt, um die das Sehen begrenzenden Vorstellungsbilder abzubauen, besteht darin, sich ihrer bewußt zu werden.

Nehmen Sie also bitte wieder Papier und Stift zur Hand, und beantworten Sie die folgenden Fragen schriftlich:
o Suchen Sie nach einem Mann oder einer Frau, oder spielt das Geschlecht keine Rolle? (Sprechen oder schreiben Sie in ganzen Sätzen: «Ich suche nach einem Mann/einer Frau».)
o Wie soll das körperliche Erscheinungsbild dieser Person sein? Spielt die Haarfarbe, die Art sich zu kleiden, Figur, Körperbau, Sportlichkeit eine Rolle? (Beobachten Sie Ihre Atmung, während Sie durch diese Fragen gehen, und stellen Sie fest, wann und bei welchen Fragen Ihre Atmung sich ändert.)
o Welche geistigen Fähigkeiten sollte diese Idealperson haben? Intelligent, geistreich, ruhig, begeisterungsfähig, dogmatisch, undogmatisch, konservativ, radikal usw. ...

- Möchten Sie, daß diese Person ähnlich denkt wie Sie, oder suchen Sie jemanden, der andere Meinungen vertritt, mit dem Sie sich auseinandersetzen können und müssen, jemanden, der vielleicht auf bestimmten Gebieten mehr weiß als Sie und von dem Sie lernen können?
- Welche Fähigkeiten sollte diese Person haben? Ist es wichtig, daß sie Stenographie beherrscht, einen Computer bedienen, einen Lkw fahren oder segeln kann?
- Was möchten Sie im Besonderen mit dieser Person gemeinsam tun? Gemütlich zuhause sitzen und Tee trinken, gemeinsam auf dem Motorrad in den Sonnenuntergang fahren, ins Bett gehen und ihre Sexualität genießen? Suchen Sie einen Partner, mit dem Sie zusammen arbeiten können, oder jemanden zum Skilaufen?

Vervollständigen Sie Ihre Liste der Eigenschaften, die Ihr Partner haben sollte, und der Dinge, die Sie mit ihm gemeinsam tun möchten, und beobachten Sie dabei Ihre Atmung.
Und nun schließen Sie für einen Augenblick die Augen, und versuchen Sie, sich diesen Menschen vorzustellen. Stellen Sie fest, welche Menschen aus Ihrer Vergangenheit für Ihr neues Ideal als Modell dienen, bis Sie sich klar darüber sind, welche alten Idealbilder Sie auf neue Menschen, denen Sie begegnen, projizieren.

Was haben Sie anzubieten?

Bisher haben wir uns damit beschäftigt, was Sie von Ihrem Partner erwarten. Jetzt wollen wir uns ehrlich darüber klar werden, was Sie denn diesem anderen Menschen geben können und wollen. Wenn es einen Menschen gibt, der nach jemandem wie Ihnen sucht, so hat auch dieser Mensch Bedürf-

nisse, die er von Ihnen erfüllt sehen möchte. Sind Sie bereit, auf die Bedürfnisse dieses Menschen einzugehen?
Viele Menschen denken gerade über diese Frage höchst selten nach; das Ergebnis ist, daß sie zwar möglicherweise jemanden treffen, der ihnen gefällt, aber durch ihre Unfähigkeit, selbst etwas zu geben, es nicht schaffen, eine Beziehung zu diesem Menschen aufzubauen.
Lesen Sie noch einmal die Liste der acht Grundbedürfnisse durch, und statt sie mit Ihren eigenen Bedürfnissen zu vergleichen, stellen Sie fest, was Sie einem anderen Menschen zu geben bereit sind:

1. Sind Sie bereit, einem anderen Menschen beim materiellen Überleben zu helfen, falls nötig? Teilen Sie gerne, was Sie besitzen?
2. Wenn jemand mehr Arbeit am Hals hat, als er selbst schaffen kann, sind Sie bereit einzuspringen und ihm auszuhelfen?
3. Können Sie auf die sexuellen Bedürfnisse eines anderen eingehen und sich auf die Befriedigung des Partners konzentrieren, statt nur auf Ihre eigene? Möchten Sie ein *gemeinsames* sexuelles Erlebnis, oder suchen Sie nur jemanden für Ihre eigene Befriedigung?
4. Wie steht es mit der Intimität? Sind Sie fähig, jemanden nahe an sich heranzulassen? Mögen Sie die Vorstellung, daß ein anderer emotionale Sicherheit und Behaglichkeit in der Beziehung mit Ihnen findet?
5. Wenn Sie jemanden treffen, der sich eine Familie wünscht, sind Sie bereit, dessen Bedürfnis nach Sicherheit und Dauerhaftigkeit in einer Beziehung zu erfüllen?

Sie sollten sich keineswegs gezwungen fühlen, die Bedürfnisse eines anderen zu befriedigen. Wir wollen uns hier lediglich darüber klar werden, welche Bedürfnisse eines anderen Menschen *Sie bereit* sind zu erfüllen. Erfolgreiche

Beziehungen ergeben sich nur dann, wenn *beide* Parteien willens und fähig sind, die Bedürfnisse des anderen zu erfüllen. Wenn Sie sich darüber von Anfang an im klaren sind, können Sie dem Menschen, den Sie treffen, ehrlich sagen, ob Sie die richtige Person sind, um seine Bedürfnisse zu erfüllen.

6. Wie steht es mit einer echten, den anderen akzeptierenden Freundschaft? Können Sie sich vorstellen, eine solche Beziehung mit Selbstvertrauen und Ehrlichkeit zu erfüllen?
7. Wie steht es mit der emotionalen Entwicklung? Sind Sie stark genug, einem neuen Freund Raum zu geben, seine negativen Gefühle in Ihrer Gegenwart herauszulassen, ohne daß Sie ihn dafür verurteilen? Sind Sie bereit, eine Beziehung mit jemandem einzugehen, der Hilfe und Verständnis braucht, um über seine alten emotionalen Wunden hinwegzukommen?
8. Haben Sie den Wunsch, einem neuen Freund zu helfen, der seine spirituelle Entwicklung vorantreiben möchte? Können Sie auf diesem Gebiet jemandem helfen, als Führer, Lehrer oder als Kamerad, und die tieferen Bereiche des Bewußtseins gemeinsam mit ihm erforschen?

Eine Beziehung ist immer ein Nehmen und Geben zwischen zwei Menschen, die wechselseitig ihre Bedürfnisse befriedigen. Es ist sinnlos, wenn Sie nach jemandem suchen, der so wenig Ihren Bedürfnissen entspricht wie Sie den seinen. Mit Hilfe der acht Stichpunkte sollten Sie sich klar darüber geworden sein, inwieweit Ihre alten, konditioniertern Idealvorstellungen Ihren Blick trüben und Ihnen bei der Suche nach dem richtigen Menschen im Wege sein können.

Denken Sie in den nächsten Tagen immer mal wieder darüber nach, stellen Sie sich die acht Stichpunkte vor; Sie werden bemerken, daß Ihnen die verschiedenartigsten Gedanken dazu durch den Kopf gehen werden. Beobachten Sie diese Gedanken. Wir alle sind Opfer unserer unbewußten Gedankenmuster, die ständig in unserem Kopf herumgeistern und ungewollte Gefühle und sogar körperliche Verspannungen hervorrufen. Sobald man sich aber dieser Gewohnheit bewußt wird, setzt eine Änderung ein. Sobald Sie bemerken, welche Gedankenbilder Ihnen gewohnheitsmäßig durch den Kopf gehen, und Sie diese akzeptieren, tritt natürlicherweise eine Änderung dieser Gedankenbilder ein. Hierbei kann Ihnen folgende Grundmeditationsübung helfen, die auch gleichzeitig die Grundlage für die weiteren Meditationen und «Jagdtechniken» ist.

Innere Reflexionen – sich selbst finden

Stellen Sie sich vor, daß die Person, der Sie begegnen möchten, in diesem Moment dieses Buch liest. Er oder sie stockt auf dieser Seite, liest die Worte «sich selbst finden» und denkt darüber nach.
Suchen Sie nach jemandem, der «sich bereits gefunden» hat, bevor Sie ihn finden? Wünschen Sie sich eine Beziehung mit jemandem, der sein eigenes, inneres Zentrum und sein Selbstvertrauen bereits entwickelt hat, oder möchten Sie jemandem begegnen, der kein Verhältnis zu sich selbst hat, sich seines eigenen, inneren Pols völlig unbewußt ist?
Ich glaube, fast alle von uns ziehen Menschen vor, die sich bereits gefunden haben. Aber messen wir uns auch selbst an diesem Wunsch? Sehen wir uns auch selbst kritisch an, bevor wir loslaufen und nach unserem Idealpartner suchen? Häufig hoffen wir darauf, daß jemand von außen in unser Leben kommen wird, der uns «ganz macht», der uns mit uns selbst

versöhnt, und legen damit einer neuen Beziehung eine untragbare Bürde auf.

Es gibt bestimmte emotionale Bedürfnisse, die wir alle fühlen, aber die niemand «von draußen» wirklich befriedigen kann. Wir müssen für uns selbst die Verantwortung übernehmen, statt zu erwarten, daß ein anderer dies für uns tun wird. Kurz gesagt, Sie müssen erst einmal Ihr eigener bester Freund werden, bevor Sie der Freund eines anderen Menschen sein können. Und Sie müssen sich Ihrer selbst in jedem Moment der Gegenwart bewußt sein, bevor Sie einen anderen Menschen bewußt wahrnehmen können. Ich möchte Ihnen an dieser Stelle eine kurze Übung zeigen, die Sie als Grundlage für die noch folgenden Übungen und Meditationen betrachten können.

Sie können diese Übung im Stehen, Sitzen, Laufen oder Liegen machen – Ihre Körperhaltung ist dabei völlig gleichgültig. Zunächst beginnen Sie damit, Ihre Atmung zu beobachten. Fühlen Sie, wie die Luft durch Ihre Nase ein- und ausströmt, und konzentrieren Sie sich jetzt nur noch auf dieses körperliche Empfinden. Nun schließen Sie die Atembewegungen des Körpers in Ihr Bewußtsein mit ein. Wenn Sie auf diese Weise Ihre Atmung beobachten, ohne sie im geringsten zu kontrollieren,

werden Sie bemerken, daß Ihre Atmung sich fast augenblicklich zu ändern beginnt, daß sie tiefer, entspannter wird.
Seien Sie sich bewußt, daß jeder Atemzug etwas Einzigartiges ist; Sie atmen niemals zweimal genau gleich, ebensowenig wie Sie je einen Augenblick erleben werden, der einem anderen in Ihrem Leben genau gleicht. Die Gegenwart ist immer neu und in jedem Augenblick anders. Nur in unserem Kopf formen wir gedankliche Vorstellungen, Konzepte, die sich nicht verändern. Wenn wir also wünschen, daß etwas Neues in unser Leben kommt, müssen wir uns auf die Gegenwart konzentrieren und nicht auf gedankliche Vorstellungen der Vergangenheit, denn nur in der Gegenwart, nur in dem sich immer verändernden Moment der Gegenwart können wir dieses Neue finden.

Der Schritt des Herzens

Der Schritt des Herzens ist ein äußerst wichtiger Schritt während der Vorbereitung auf eine Begegnung mit einem neuen Menschen. Wir erweitern unser Bewußtsein jetzt soweit, daß wir unsere Atmung und das Schlagen unseres Herzens in unser Bewußtsein miteinbeziehen. Für viele Menschen ist es

schwierig, sich auf diesen Bereich zu konzentrieren. Das Herz hat uns so oft weh getan, daß wir es vermeiden, uns mit ihm zu beschäftigen. Wie ist das bei Ihnen? Können Sie in diesem Moment Ihr Herz schlagen fühlen?
Es macht gar nichts, wenn Sie diese Übung, ebenso wie auch alle anderen, nicht gleich beim erstenmal «perfekt» beherrschen. Wir befinden uns in einem Lernprozeß, bei dem jeder einzelne Schritt angenehm und genußvoll sein soll, also lassen Sie sich Zeit, versuchen Sie nicht, von Anfang an gleich perfekt sein zu wollen.
Sie werden bemerken, daß die Bewegungen Ihrer Atmung und die Ihres Herzschlages einander entsprechen, daß sie im gleichen Rhythmus erfolgen. Machen Sie diese Übung sooft wie möglich, mindestens einige Male täglich. Vielleicht fällt sie Ihnen leichter, wenn Sie beim ersten Atemzug, den Sie bewußt beobachten, zu sich selbst im stillen das Wort «Atmung» sagen, beim zweiten Atemzug dann das Wort «Herzschlag», während Sie Ihr Bewußtsein erweitern und das Schlagen des Herzens miteinbeziehen. Der nächste Schritt in dieser Bewußtseinübung besteht darin, daß Sie Ihren Herzschlag, das Pulsieren Ihres Blutes, plötzlich in Ihrem ganzen Körper spüren werden.
Es mag sein, daß Ihnen diese Meditationsübung zu simpel erscheint und Sie den Eindruck haben, damit Ihre Zeit zu verschwenden, statt hinauszugehen und nach jemandem zu suchen, der Ihre Bedürfnisse befriedigt. Aber wenn die Person, der Sie begegnen, sich nicht einmal ihres Körpers bewußt ist, so gibt es doch wenig Möglichkeiten, miteinander in Kontakt zu treten. Und das gleiche erfährt derjenige, der Ihnen begegnet; sind Sie selbst sich Ihres Körpers bewußt, des Körpers, den der andere zuerst an Ihnen wahrnimmt und auf dessen Signale allein er reagieren kann?

Diese Übung wird Ihnen nie langweilig werden, denn Sie werden jedesmal einen neuen Körper erfahren, da Sie selbst sich auch ständig ändern. Diese Übung hält Sie sozusagen auf dem laufenden darüber, wie Ihr ganzes Sein auf den gegenwärtigen Moment reagiert. In diesem Zustand sind Sie in optimaler Verfassung für eine erfolgreiche Begegnung.

Der nächste Schritt besteht darin, daß Sie lernen, sich möglichst ständig Ihres Körpers bewußt zu sein, auch dann, wenn Sie Ihrem üblichen Tagewerk nachgehen.

Eines der wichtigsten Dinge, die ich in meiner Kindheit unter amerikanischen Indianern lernte, war, daß es möglich ist, nicht nur mit dem Kopf, sondern auch mit dem Herzen zu denken. Wenn Sie sich Ihres Herzens bewußt sind, während Sie gleichzeitig mit dem Kopf denken, sind Ihre Gedanken mit dem emotionalen Zentrum Ihres Gehirns verbunden, und Sie erfahren eine erstaunliche Erweiterung Ihres Bewußtseins.

Würden Sie gern einem Menschen begegnen, der auf diese Weise, mit Kopf und Herz gleichzeitig, denkt? Und umgekehrt, sind Sie fähig, mit Kopf und Herz denkend auf einen Menschen zuzugehen? Wenn Sie damit noch Schwierigkeiten haben, sollten Sie sich soviel wie möglich in der beschriebenen Meditation üben.

Kapitel zwei

Vorbereitungen auf die «Jagd»

Ich habe eine sehr gute Freundin, die ich schon einige Jahre kenne. Wir stehen uns in vieler Beziehung nahe und befriedigen gegenseitig einige unserer Bedürfnisse. Aber als ich ihr das erste Mal begegnete, bemerkte ich sie überhaupt nicht. Ich sah direkt in ihre Augen, und sie bemerkte mich wohl, aber ich war zu sehr mit meinen Gedanken beschäftigt, um sie überhaupt bewußt wahrzunehmen. Zwei Wochen später dann stand ich in einer Bank am Schalter und wartete darauf, an die Reihe zu kommen. Da sah ich sie plötzlich hinter mir stehen, und ihre Erscheinung berührte mich tief. Ich spürte eine innere Erregung, und einen Moment lang vergaß ich völlig, wo ich war und weshalb ich hier war – ihre Augen zogen mich so an, daß ich alles um mich herum vergaß.
Der Augenkontakt mit einem Menschen kann manchmal eine erstaunliche Wirkung haben, wenn wir bereit und offen dafür sind, die Gegenwart eines anderen Menschen visuell in uns

aufzunehmen. Wenn wir einmal untersuchen, wie unser Sehen funktioniert, können wir verstehen, warum der visuelle Kontakt eine so erstaunliche Wirkung auf unser Inneres haben kann.

Wenn wir jemanden ansehen, nehmen wir eigentlich das Licht auf, das vom Körper dieses Menschen zurückgestrahlt wird. Dieses Licht dringt in codierter Form direkt in das visuelle Zentrum unseres Gehirns ein, und wir erhalten ein physisches Abbild dieser Person, das sich auf bio-chemische Weise als bleibende Information in unserem Gedächtnis festsetzt.

Die Art und Weise, in der wir unsere Augen benutzen, um die Außenwelt in uns aufzunehmen, bestimmt unsere Kontaktfähigkeit. Wenn wir zum Beispiel die Gewohnheit haben, in der Öffentlichkeit niemals bewußt die Menschen um uns herum anzusehen, werden wir niemals bemerken, daß ein Fremder auf der Straße unseren Blick freundlich zurückgibt. Und sogar in unserem Bekanntenkreis kann es vorkommen, daß wir über Jahre jemandem immer wieder ins Gesicht sehen und doch nie wirklich die Person wahrnehmen, wie sie ist, weil wir alte Vorstellungen und Schablonen von dieser Person im Gedächtnis tragen, die wir ihr gewissermaßen «auflegen», wenn wir ihr ins Gesicht sehen. Auf diese Weise können wir natürlich nicht sehen, wie diese Person sich ständig ändert und entwickelt – vielleicht genau zu der Person, die wir brauchen und nach der wir suchen!

Unser Gehirn funktioniert bemerkenswert gut, wenn es darum geht, frühere visuelle Eindrücke auf die Gegenwart zu projizieren. Ich erinnere mich noch gut an den Tag, als ich meinen Bart abrasierte, den ich zehn Jahre lang getragen hatte. Mein Sohn, der mich niemals ohne Bart gesehen hatte, kam an diesem Tag aus der Schule nach Hause, und wir unterhielten uns. Er sah mir mehrmals gerade ins Gesicht, ohne zu bemerken, daß ich den Bart nicht mehr trug. Sein Gedächtnis projizierte den Bart auf mein Gesicht, einfach, weil er dieses Bild zu sehen erwartete. Eine Stunde später kam er zum zweitenmal ins Haus, sah mich an, während er mit mir sprach, und war schon wieder auf dem Weg nach draußen, als er sich umdrehte und mich mit einem Ausdruck höchsten Entsetzens ansah. Er brach in Tränen aus (er war damals acht Jahre alt) und machte mir heftige Vorwürfe – ich war nicht mehr ich, sein Vater, wie er ihn kannte; ich war plötzlich für ihn ein Fremder, weil ich nicht mehr dem Bild entsprach, das er von mir in seinem Gedächtnis trug. Es dauerte mehrere Tage, bis er sich von diesem Schock erholt hatte.

Der Blick des Jägers

Vom ersten Tag unseres Lebens an entwickeln wir Wahrnehmungsgewohnheiten, die erhebliche Auswirkungen darauf haben, wie wir die Außenwelt sehen. Wie zum Beispiel nehmen Sie die Außenwelt wahr, wenn Sie eine Straße entlanggehen? Sehen Sie in jedes an Ihnen vorbeiziehende Gesicht, in der Hoffnung, irgendwo Ihrem Ideal zu begegnen? Falls dies so ist, gehen Sie gleichgültig an allen anderen Gesichtern vorbei, die Ihrem optischen Idealbild nicht entsprechen? Oder vermeiden Sie überhaupt nach Möglichkeit jeden Blickkontakt auf der Straße, um unangenehmen Konfrontationen aus dem Wege zu gehen? Haben Sie im allgemeinen Angst, Menschen in die Augen zu sehen? Wenn ja, sind Sie sich klar darüber, daß dies Ihre Fähigkeiten, auf Ihrer Jagd den Menschen zu finden, den Sie suchen, erheblich reduziert?
Wann immer wir unsere Augen öffnen, erleben wir einen direkten Kontakt mit der Außenwelt. Was immer uns da draußen gegenübersteht, dringt in uns ein. Und im Gegensatz zu allen Wunschvorstellungen einer friedlichen Welt werden wir

in der Realität mit zahlreichen Gefahren konfrontiert. Als «Jäger» müssen wir lernen, ein der Realität entsprechendes, klares Bild der Außenwelt in uns aufzunehmen; wir müssen sensibel und fähig sein, auf jede äußere Stimulanz zu reagieren – gleichzeitig aber auch stark genug sein, selbst Aggressionen zu vermeiden und rechtzeitig den Situationen, denen wir uns nicht stellen möchten, auszuweichen.
Kurz gesagt, wir müssen ein Gefühl von persönlicher Stärke entwickeln, kombiniert mit einer klaren Wahrnehmungsfähigkeit.

Die persönliche Stärke erhöhen

Wir alle besitzen eine persönliche Stärke, die nichts anderes ist als die Vitalität, die Lebenskraft, die uns die nötige Energie zum Überleben gibt. Persönliche Stärke ist weniger eine brutale physische Kraft, sondern eher eine innere Stärke, die sich als physische Kraft manifestieren kann, wenn dies nötig ist, ein Potential, das wir trainieren können und das uns stets zur Verfügung stehen wird.
Denken Sie jetzt an die Person, nach der Sie auf der Suche sind. Möchten Sie, daß diese Person eine nur geringe persönliche Stärke besitzt, oder suchen Sie nach jemandem, der stark und innerlich gefestigt ist? Und umgekehrt, fühlen Sie sich selbst gefestigt und voll innerer Stärke, oder fühlen Sie sich ängstlich und eher schwach? Angst ist sicherlich einer der Hauptfaktoren, die unsere Fähigkeit, Beziehungen erfolgreich aufzunehmen, behindern. Angst und persönliche Stärke schließen einander aus.
Jeder von uns fürchtet sich von Zeit zu Zeit. Wir entwickeln schon als Kinder Ängste und Hemmungen, und wann immer wir als Erwachsene in einer Situation sind, die wir aus der

Kindheit erinnern, steigen wieder die alten Ängste in uns hoch, die unsere Kraft schwächen und unsere Gedanken vernebeln. Und die vielleicht heftigsten Anfälle von Angst und Verunsicherung überfallen uns meist genau in dem Moment, wenn wir den ersten Kontakt mit einem Menschen aufnehmen, zu dem wir uns hingezogen fühlen. In dem Ausmaß, in dem wir fürchten, daß wir durch andere Menschen seelisch verletzt werden könnten, werden wir natürlich den Kontakt mit anderen Menschen vermeiden. Und in dem Ausmaß, in dem wir uns innerlich stark und gefestigt fühlen, sind wir offen und bereit, mit anderen Menschen in Kontakt zu treten.

Wie ist das bei Ihnen? Ist diese Furcht etwas, was Sie hemmt, mit neuen Menschen in Kontakt zu treten? Um unser gegenwärtiges Ausmaß an persönlicher Stärke festzustellen, wenden wir uns wieder der Atmung zu.

Wie ist Ihre Atmung, wenn Sie sich gut fühlen, wenn Sie keine Angst haben?

Und wenn Sie sich fürchten, zum Beispiel davor, hinauszugehen und neue Menschen zu treffen, was geschieht dann mit Ihrer Atmung?

Der folgende Fragenkatalog wird Ihnen mehr Aufschluß über Ihre gegenwärtigen Atemgewohnheiten bringen:

Atmen Sie im allgemeinen flach, angespannt und hauptsächlich im oberen Brustbereich?   ja ___ nein ___

Können Sie tief ausatmen, und spüren Sie dabei Ihre innere Stärke tief im unteren Bauchbereich?   ja ___ nein ___

Sind Sie sich überwiegend des Einatmens, weniger des Ausatmens bewußt, haben Sie mehr das Bedürfnis, sich mit Luft gefüllt als sich leer zu fühlen? ja ___ nein ___

Ertappen Sie sich im Laufe des Tages häufiger dabei, daß Sie den Atem anhalten? ja ___ nein ___

Laufen und rennen Sie gerne, machen Sie gerne schnelle und kraftvolle Bewegungen, bei denen sich Ihre Atmung vertieft und Ihr Pulsschlag erhöht? ja ___ nein ___

Nehmen wir an, Sie sind in einer Situation, die Sie herausfordert, die Ihnen vielleicht Angst macht. Halten Sie in einer solchen Situation den Atem an, und mindern Sie so Ihre Fähigkkeit, zu handeln? ja ___ nein ___

Sind Sie sich die meiste Zeit Ihrer Atmung bewußt und können Sie beobachten, wie sie sich ändert, wenn sich Ihre Gefühle ändern? ja ___ nein ___

Wird Ihre Atmung flach, angespannt, gehemmt, wenn Ihnen jemand nahe kommt? ja ___ nein ___

Persönliche Stärke muß durchaus nicht immer mit physischer Kraft einhergehen. Wir alle kennen zum Beispiel physisch starke Männer, die in bestimmten emotionalen Situationen erstaunliche Schwächen zeigen, und umgekehrt wissen wir, daß Frauen, die physisch Männern meist unterlegen sind, eine große Stärke entwickeln können, wenn es darum geht, ihre Ansprüche durchzusetzen. Bestimmend für Ihre persönliche Stärke ist Ihre Fähigkeit, Ihre Kräfte dann zu mobilisieren, wenn Sie sie brauchen, sei es auf emotionaler, geistiger oder physischer Ebene.

Und hier spielt die Atmung eine ausschlaggebende Rolle. Wenn Sie eingeatmet haben, also voller Luft sind, haben Sie nicht viel Kraft; in ausgeatmetem Zustand dagegen wachsen Ihre Kräfte. Wenn Sie zum Beispiel ein Auto anschieben, tun Sie dies mit Sicherheit, indem Sie beim Schieben kräftig ausatmen und nicht einatmen. Tatsächlich ist es so, daß man Angstgefühle nur beim Einatmen oder in eingeatmeter Stellung spürt, die eigene Stärke nur beim Ausatmen. Wenn die Ausatmung tief und kraftvoll ist, sind wir fast unfähig, Furcht zu empfinden. Nur wenn die Atmung gehemmt, angespannt und flach ist, können Gefühle von Angst von uns Besitz ergreifen. Mit einem Satz: Angst ist dieses Atemmuster. Beides ist nicht voneinander zu trennen.

Wenn Sie sich also von Ängsten bei der Kontaktaufnahme mit anderen Menschen befreien wollen, richten Sie sich am besten nach den folgenden vier Grundatemregeln:

1. Wenn Sie die Gefühle von Furcht und Angst reduzieren wollen, konzentrieren Sie sich auf die Ausatmung; atmen Sie so tief und kraftvoll wie möglich aus.
2. Wenn Sie in einer bestimmten Situation das Gefühl Ihrer persönlichen Stärke erhöhen wollen, atmen Sie langsam aus, und pressen Sie dabei durch Zusammendrücken der Bauchmuskeln alle Luft vollkommen aus sich heraus.
3. Wenn Sie in einer bestimmten Situation fühlen, daß Sie schwach und ängstlich werden, richten Sie Ihre Aufmerk-

samkeit augenblicklich auf Ihre Atmung, wie in der ersten Übung beschrieben. Versuchen Sie für einen Moment die Außenwelt auszublenden, bis Sie Ihr inneres Zentrum wiedergefunden haben.
4. Wenn Sie bemerken, daß Sie in der Gegenwart anderer Menschen unsicher werden, entspannen Sie ganz bewußt Ihre Gesichtsmuskeln, lassen Sie das Kinn locker hängen, und atmen Sie langsam und kräftig durch den Mund aus. Sie können diese Übung, die Sie wieder in Kontakt mit Ihrer persönlichen Stärke bringen wird, ausführen, ohne daß es jemand um Sie herum bemerken wird.

Ihre persönliche Anziehungskraft

Halten Sie sich selbst für anziehend, besonders für die Menschen, die Sie gern kennenlernen würden? Zum Schluß dieses Kapitels werden wir uns mit Ihrem Selbstbild beschäftigen und beginnen, es dort, wo es nötig ist, zu verbessern. Viele Menschen tragen leider ein negatives Selbstbild mit sich herum, das ständig ihren Erfolg in der Beziehung zu anderen Menschen behindert.

Wie ist das bei Ihnen?
o Sind Sie zufrieden mit Ihrem Äußeren?
o Glauben Sie, andere mögen Ihr äußeres Erscheinungsbild?
o Glauben Sie, daß Sie eine erotische Ausstrahlung haben?
o Können andere Menschen sehen, daß Sie, tief in Ihrem Inneren, meinen, häßlich und es nicht wert zu sein, daß jemand mit Ihnen eine Beziehung beginnt?

Ich habe vor Jahren als Therapeut in Los Angeles gearbeitet, und zu meinen Klienten gehörten wirklich schöne Frauen, Schauspielerinnen, die in der Filmindustrie in Hollywood arbeiteten. Um so erstaunter war ich festzustellen, wie häßlich sich diese Frauen oftmals selbst fühlten. Umgekehrt hatte ich unter meinen Klienten Menschen, die, obwohl unscheinbar und von der Figur her eher unattraktiv, trotzdem äußerst anziehend wirkten durch ihre Vitaliät und ihre innere Ausstrahlung.

Ihre Fähigkeit, auf andere Menschen anziehend zu wirken, ist also keineswegs eine Sache genetisch bedingter äußerlicher, körperlicher Vorzüge, sondern eine Frage der inneren Vitalität. Wenn Sie sich selbst für häßlich halten, werden Sie auf andere auch so wirken. Wenn Sie sich attraktiv und anziehend finden, werden auch andere Menschen Sie für attraktiv halten.

Der Schlüssel zu Ihrer eigenen Anziehungskraft liegt also ganz bei Ihnen:
- Sie müssen sich von Ihren eigenen negativen Gefühlen lösen, wenn Sie aufhören wollen, diese auf Ihre Beziehungen zu anderen Menschen zu projizieren.
- Erhöhen Sie Ihr Selbst-Bewußtsein, indem Sie Ihren Körper in der Gegenwart spüren, um diesen attraktiv erscheinen zu lassen.
- Gehemmte Atmung und gehemmte Bewegungen führen zu einer Minderung Ihrer Attraktivität. Atmen Sie tief und gleichmäßig, und verbessern Sie Ihre Bewegungsgewohnheiten.
- Seien Sie sich selbst Ihr bester Freund. Wenn Sie sich selbst mögen und liebenswert finden, werden auch andere es leichter haben, Sie liebenswert zu finden.

Sie werden vielleicht bemerkt haben, daß ich es völlig vermieden habe, Techniken des sogenannten «Positiven Denkens» miteinzubeziehen. Ich habe Sie nicht dazu ermutigt, Ihre negativen Gefühle zu verdrängen und sich selbst ein positives Selbstbild aufzuzwingen.

Meiner Meinung nach ist ein solches Vorgehen absolut kindisch, und außerdem unfair Ihren eigenen inneren Gefühlen gegenüber.

Statt dessen möchte ich Sie dazu ermuntern, sich selbst möglichst realistisch und mit klarem Blick zu betrachten, sich so zu akzeptieren, wie Sie in diesem Moment sind, und den Meditationen und Übungen zu folgen, die Ihnen helfen können, sich zu einer vitaleren, attraktiveren Persönlichkeit zu entwickeln.

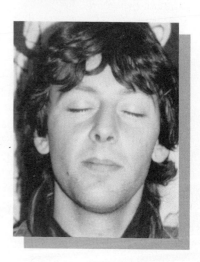

Denken wir also noch einmal über Ihr Selbstbild

nach. Mögen Sie sich, lieben Sie sich selbst? Wenn Sie sich selbst nicht mögen, wird es sehr schwirig für einen anderen Menschen sein, Sie zu mögen. Ihr negatives Selbstbild wird durch jedes Wort, das Sie sagen, durch jede Bewegung Ihres Körpers hindurch deutlich. Bevor Sie also in Ihrer äußeren Welt einen neuen Freund suchen, sollten Sie am besten erst einmal selbst Ihr eigener Freund werden.

Ihre Beziehung zu sich selbst

Sie werden nie fähig sein, einen anderen Menschen zu lieben, wenn Sie nicht fähig sind, sich selbst zu lieben. Jesus forderte uns auf, «unseren Nächsten zu lieben wie uns selbst».
Der erste Schritt dazu, sich selbst mehr Liebe entgegenzubringen, besteht darin, absolut ehrlich zu erkennen, welche Gefühle Sie sich selbst gegenüber entgegenbringen. Wenn Sie sich wirklich nicht mögen, tun Sie sich nichts Gutes an, wenn Sie vorgeben, sich zu mögen. Um herauszufinden, was Sie wirklich für sich empfinden, können Sie damit beginnen, Ihre Gedanken zu beobachten oder auch Ihre Emotionen, Ihre Gefühle.

Wie stehen Sie zu folgenden Aussagen:

1. «Im allgemeinen bin ich zufrieden mit
   meinem Aussehen.»   **ja** ___ **nein** ___

2. «Meistens fühle ich mich gut und bin
   guter Laune.»   **ja** ___ **nein** ___

3. «Wenn ich morgens nach dem Aufwachen in den Spiegel schaue, fühle ich mich gut und sehe gern mein Spiegelbild.» ja ___ nein ___

4. «Ich versuche, in allen Situationen mein Bestes zu geben, und ich habe kein schlechtes Gewissen, mein Leben so zu führen, wie ich es tue.» ja ___ nein ___

5. «Ich bin zwar nicht perfekt, aber ich bin völlig in Ordnung, so wie ich bin.» ja ___ nein ___

6. «Ich akzeptiere mich so, wie ich bin.» ja ___ nein ___

7. «Ja, natürlich liebe ich mich selbst.» ja ___ nein ___

8. «Ich halte mich selbst für meinen allerbesten Freund.» ja ___ nein ___

Wie bei den vorangegangenen Fragelisten liegt auch hier das Ziel nicht darin, daß Sie ein Werturteil über sich abgeben, sondern nur darin, daß Sie sich Ihrer Gefühle für sich bewußt werden. Die meisten unserer negativen Selbstbilder sind nichts als Gewohnheiten aus der Vergangenheit, und meist sind wir uns dessen überhaupt nicht bewußt. Diese alten Gewohnheiten wollen wir uns hier nur bewußt machen, damit wir sie danach einschätzen können, ob sie zutreffend sind oder nicht. Solange Sie das Gefühl haben, daß etwas an Ihnen «nicht in Ordnung» ist, bauen Sie eine Mauer um sich auf, die andere Menschen davon abhält, Sie so zu akzeptieren, wie Sie sind. Wenn Sie sich selbst nicht akzeptieren, können es andere Menschen auch nicht.

In den meisten Fällen sind wir von Eltern und Lehrern erzogen worden, die versuchten, uns zu einer bestimmten Persönlichkeit zu formen, die uns möglicherweise nicht entsprach. Wir wurden häufig dazu erzogen, anders zu sein, als wir es von Natur aus waren. Also versuchten wir uns den Forderungen entsprechend anzupassen, aber tief in unserem Inneren wußten wir immer, daß dieses Bild, das unsere Eltern und Lehrer von uns haben wollten, nicht unserer wirklichen Persönlichkeit entsprach, und wir fühlten uns irgendwie verfälscht, unakzeptiert, nicht liebenswert.

Diese Zeiten aber sind lange vorbei, und heute können Sie endlich alle alten Konditionierungen von sich abwerfen und der Außenwelt endlich mitteilen: «Ja, ich bin vielleicht nicht perfekt, ich bin vielleicht nicht genau das, was ihr von mir erwartet, aber ich bin völlig in Ordnung, so wie ich bin!»

Können Sie das zu den Menschen Ihrer Umgebung sagen? Oder fürchten Sie, daß man sich von Ihnen zurückziehen wird, wenn Sie sich so geben, wie Sie wirklich sind? Verstekken Sie sich hinter einer Fassade, oder treten Sie Ihren Mitmenschen so gegenüber, wie Sie sind? Können Sie sich überhaupt selbst ehrlich einschätzen, oder sind Sie geblendet von einem Idealbild, das Sie selbst von sich haben?

Was würde passieren, wenn Sie aufhören würden, sich «besser» darzustellen, als Sie sind, wenn Sie nicht mehr versuchen würden, anderen zu imponieren? Dies ist eine wichtige Frage, und Sie müssen hierauf eine Antwort finden, bevor Sie beginnen können, eine wirklich befriedigende Beziehung aufzubauen.

Und dies gilt nicht nur für das Verhältnis Ihrer Mitmenschen zu Ihnen, sondern ebenso für Ihre Beziehung zu Ihren Freunden. Wenn Sie hart mit sich selbst sind, werden Sie auch hart in der Beurteilung anderer sein, werden Sie nicht fähig sein, deren Fehler und Schwächen zu akzeptieren, und sie vielleicht ablehnen, weil sie nicht perfekt sind. Dies verdoppelt natürlich Ihre Schwierigkeit, jemanden zu finden, mit dem Sie eine tiefere Beziehung eingehen können. Wirkliche Liebe akzeptiert den anderen so, wie er ist. Ein guter Freund akzeptiert Sie so, wie Sie im Moment sind, und gibt Ihnen damit Raum, sich zu entwickeln. Und wenn Sie beginnen wollen, Ihr eigener bester Freund zu sein, müssen Sie das gleiche für sich selbst gelten lassen.

Kapitel drei

Emotionale Entwicklung

Die Kindheit und frühere Bindungen

Wir wissen alle, daß die Erfahrungen unserer frühen Kindheit starken Einfluß darauf haben, wie wir als Erwachsene unsere Außenwelt wahrnehmen und unsere Beziehungen gestalten. Unser ganzes Leben kann als Prozeß gesehen werden, in dem wir uns von emotionalen Wunden erholen und neue emotionale Bindungen eingehen. In diesem Kapitel wollen wir versuchen zu verstehen, wie Ihre vergangenen Erfahrungen Ihre heutige Fähigkeit, neue Bindungen einzugehen, beeinflußt haben, und uns dann damit beschäftigen, was Sie tun können, um Ihren emotionalen Heilungsprozeß voranzutreiben.

Wir beginnen wieder mit der Liste der acht Grundbedürfnisse, die wir diesmal nicht auf Ihre gegenwärtigen, sondern auf Ihre vergangenen Bedürfnisse in Ihrer Kindheit anwen-

den wollen. Versuchen Sie herauszufinden, inwieweit Ihre Mutter und Ihr Vater diese Bedürfnisse erfüllt haben. Atmen Sie tief durch, entspannen Sie sich und lassen Sie die Erinnerungen in Ihr Bewußtsein kommen.
Bitte fassen Sie dies nicht als eine Be- oder Verurteilung Ihrer Eltern auf – uns geht es hier nur darum, Ihre zwischenmenschlichen Bedürfnisse und Sehnsüchte mit größtmöglicher Klarheit zu erkennen.

1. Materielles Überleben
2. Intimität
3. Geborgenheit in der Familie
4. Emotionales Wohlbefinden
5. Spirituelle Entwicklung
6. Freundschaft
7. Vertrauen
8. Akzeptanz

Die Begriffe der Liste sind hierbei geringfügig verändert worden, um dem Unterschied von kindlichen Bedürfnissen zu denen Erwachsener Rechnung zu tragen. Vergleichen Sie diese Liste nun mit Ihrer gegenwärtigen Situation; tragen Sie einige unerfüllte Bedürfnisse aus der Kindheit noch bis heute mit sich herum, oder sind Sie unglücklich, weil Sie die Unterstützung und Geborgenheit, die Sie in der Kindheit erfahren hatten, verloren haben? Falls Sie Bedürfnisse ermittelten, die in der Kindheit nicht befriedigt wurden, können Sie die folgende Übung aus der *Gestalttherapie* anwenden, um sich von den alten Sehnsüchten der Kindheit und somit von der Vergangenheit zu lösen:
Nehmen Sie sich fünf oder zehn Minuten Zeit, in denen Sie nicht gestört werden können, und stellen Sie sich vor, Sie würden jetzt mit Ihrem Vater, Ihrer Mutter oder mit einer

anderen Person aus Ihrer Kindheit sprechen, die Ihre Bedürfnisse nicht befriedigt hat.

Stellen Sie sich vor, diese Person stünde jetzt wirklich vor Ihnen; sagen Sie ihr, wie Sie darüber denken und was Sie davon halten, in der Kindheit so von ihr behandelt worden zu sein. Lassen Sie die ganze vergrabene und verdrängte Wut aus sich heraus, aber zeigen Sie auch Ihre Sympathie und Ihr Mitgefühl für diese Person. Und wenn Sie das getan haben – das kann nach einer oder auch erst nach zehn Sitzungen sein –, können Sie das Spiel beenden, indem Sie dieser Person sagen, daß Sie sich jetzt von dem Wunsch lösen, Ihr Bedürfnis von ihr erfüllt zu bekommen; daß Sie sich statt dessen jemand anderen suchen werden, der dieses Bedürfnis erfüllt und mit dem Sie zusammensein werden. Versuchen Sie, sich von Ihrer Vergangenheit zu befreien, indem Sie den Menschen aus Ihrer Kindheit, die Ihre Bedürfnisse nicht ausreichend erfüllt haben, nicht länger grollen.

Wenn Sie einen guten Freund haben, wäre es sinnvoll, mit ihm darüber zu sprechen, was für Gefühle und Erinnerungen dabei in Ihnen hochgestiegen sind. Und versuchen Sie, sich während der ganzen Zeit Ihrer Atmung bewußt zu sein, so daß Sie Ihre Erinnerungen und Gedanken und Ihre Gefühle integrieren können.

Noch eine zweite Übung aus dem Bereich der Gestalttherapie möchte ich Ihnen vorschlagen; auch sie kann klären, welche Bedürfnisse in Ihrer Kindheit befriedigt wurden:

Entspannen Sie sich, und lassen Sie das Gesicht irgendeiner Person aus der Kindheit an die Oberfläche Ihres Bewußtseins steigen. Blicken Sie dieses Gesicht an, um herauszufinden, welche Ihrer Bedürfnisse dieser Mensch befriedigt hat. Wenn diese Person nicht mehr am Leben ist oder aus anderen Gründen nicht mehr länger Ihr Bedürfnis erfüllt, so akzeptieren Sie jetzt bewußt, daß diese Bindung nicht mehr besteht und daß

Sie woanders nach einer ähnlichen Beziehung suchen müssen.

Häufig geben wir uns für den Trauerprozeß nicht ausreichend Zeit, wenn eine Bindung sich gelöst hat oder jemand aus unserem Lebensbereich gestorben ist; wir verharren in unserem Schmerz, unfähig, uns von unserer emotionalen Bindung an diese Person zu lösen, und daher auch unfähig, uns einer neuen Beziehung zu öffnen, die die alte ersetzen könnte.

Versuchen Sie, sich das Gesicht des betreffenden Menschen vorzustellen, und sagen Sie ihm, wie Sie sich fühlen, wie Sie darüber denken, daß er Ihnen seine Liebe entzogen hat. Und dann lassen Sie diese Person selbst sprechen, lassen Sie sie antworten. Wiederholen Sie dies so oft, bis Sie sich frei fühlen

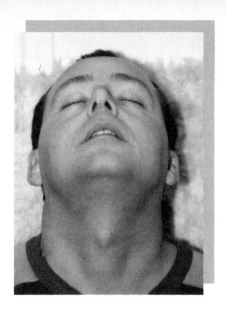

von Ihrer Bindung zu ihr. Natürlich braucht es manchmal Zeit, sich von einer alten Beziehung zu lösen, also nehmen Sie sich genug Zeit, diesen Dialog immer wieder zu führen, bis Sie fühlen, daß Sie sich nun endgültig gelöst haben und frei sind, auf einen neuen Menschen zuzugehen, der diese Beziehung ersetzen kann.

Beobachten Sie dabei auch, wie Ihre Atmung sich verändert; dies wird Ihnen verstärkt Einsichten darüber vermitteln, wie Ihre Gefühle gegenüber den Personen, die aus Ihrer Erinnerung aufsteigen, beschaffen sind und wie sie sich während der Übung ändern; und Sie werden allmählich erkennen, wie Sie alte Erwartungshaltungen auf neue Beziehungen projizieren.

Natürlich können wir niemals etwas zurückerlangen, was wir in der Vergangenheit besessen haben. Wenn Sie der Vergangenheit nicht Lebewohl sagen können, werden Sie auch die Gegenwart nicht begrüßen können. Natürlich bleiben Ihnen die Erinnerungen, aber diese dürfen nicht die Gegenwart mit alten Erwartungen belasten. Denken Sie öfter darüber nach, und machen Sie, sooft Sie können und wollen, die Übungen aus der Gestalttherapie, um sich von den alten, nicht mehr existierenden Beziehungen endlich zu lösen.

Mit den folgenden sechs Teilsätzen, die Sie vervollständigen sollten, können Sie mehr Klarheit über Ihre Gefühle erlangen:

1. «Wenn ich an mein jetziges Leben denke, fühle ich

   _____.»

2. «Wenn ich an meine Kindheit denke, fühle ich

   _____.»

3. «Wenn ich mir vorstelle, jemandem zu begegnen, von dem ich mich sehr angezogen fühle, wird meine Atmung

   _____.»

4. «Ich wünschte, meine Mutter hätte mich mehr

   _____.»

5. «Manchmal fühle ich mich einfach

   _____.»

6. «Wenn ich mir vorstelle, jemandem zu begegnen, der meine Sehnsüchte wirklich erfüllt, fühle ich mich

   _____.»

Wenn Sie diese Teilsätze gelesen haben, schließen Sie Ihre Augen, beobachten Sie Ihre Atmung, und warten Sie ab, welche Gedanken in Ihnen aufsteigen. Lassen Sie Bilder, Gedanken, Worte, Gefühle an die Oberfläche Ihres Bewußtseins steigen; beobachten Sie, was für Informationen Ihr Unbewußtes Ihnen zukommen lassen möchte. Machen Sie diese Übung mindestens zehn bis fünfzehn Atemzüge lang, und erzwingen Sie nichts; beobachten Sie nur, was in Ihnen aufsteigt.
Zum Schluß möchte ich Ihnen noch eine Übung vorstellen, die Wilhelm Reich vor etwa fünfzig Jahren entwickelt hat und die noch immer zu den wichtigsten Techniken zur Überwindung alter Gewohnheiten und Gefühlsmuster gehört:

Techniken zur emotionalen Heilung

Nehmen Sie sich für diese Übung etwa eine halbe Stunde Zeit, und ziehen Sie sich in einen Raum zurück, in dem Sie nicht gestört werden können.
Beginnen Sie, Ihren Körper mit Energie aufzuladen, indem Sie ein paarmal auf und abspringen oder auf der Stelle laufen oder ein wenig tanzen, bis Ihre Atmung sich vertieft und Ihr Pulsschlag sich erhöht hat.
Legen Sie sich jetzt auf den Rücken; Sie sollten möglichst leicht und bequem gekleidet sein. Jetzt winkeln Sie Ihre Knie an, so daß die Füße flach auf dem Boden stehen, etwa 30 cm auseinander.
Schließen Sie die Augen und beobachten Sie Ihre Atmung. Versuchen Sie nicht, Ihre Atmung zu manipulieren; beobachten Sie nur einfach jede Einatmung und die folgende Ausatmung. Dann verharren Sie in ausgeatmeter Stellung; unternehmen Sie keinerlei Anstrengung, wieder einzuatmen, sondern beobachten Sie, wie die Einatmung nach einer ge-

wissen Zeit von ganz allein geschieht, wie Ihr Körper, Ihr Überlebenswille, sich über Ihre bewußte Entscheidung, nicht mehr zu atmen, hinwegsetzt und den Einatmungsimpuls in Kraft setzt. Beobachten Sie, von welcher Stelle Ihres Körpers aus dies geschieht, wo Ihre Einatmung beginnt. Dieser Einatmungsreflex hat Sie nach Ihrer Geburt zum erstenmal Luft holen lassen; und dieser Reflex ist noch immer, ist Ihr Leben lang, in Funktion, hält Ihre Atmung in Gang, auch wenn Sie schlafen oder ohnmächtig sind, und wirkt sogar Ihrer bewußten Willensentscheidung entgegen.

Nun lassen Sie Ihr Becken leicht mit der Atembewegung mitschwingen, so daß Ihre Bauchmuskeln sich zusammenziehen, und drücken Sie das Becken vorwärts gegen die Unterlage, wenn Sie ausatmen. Dann, nach einer kleinen Pause, atmen Sie schnell durch die Nase ein; Rücken und Becken heben sich dabei leicht von der Unterlage.

Machen Sie weiter mit dieser Atemtechnik. Atmen Sie durch den Mund aus, bleiben Sie ausgeatmet, bis Sie das dringende Bedürfnis spüren, einzuatmen und sich mit Luft zu füllen, und dann lassen Sie die Bauchmuskeln sich entspannen und die Luft in sich einströmen. Sie können ruhig beim Ausatmen Laute von sich geben, während Sie alle Luft aus sich hinauspressen. Nach sechs bis zehn Atemzyklen entspannen Sie sich und lassen die Atmung wieder natürlich fließen, ohne einzugreifen.

Nun stellen Sie sich vor, Sie würden vor etwas davonlaufen oder jemandem, den Sie sehr mögen, entgegenrennen. Stampfen Sie im Liegen mit den Füßen auf dem Boden auf, als würden Sie rennen, und schlagen Sie auch mit Händen und Armen rechts und links neben sich auf den Boden, um die Bewegung des Rennens noch zu verstärken. Lassen Sie dabei Ihren Kopf nach rechts und links rollen. Atmen Sie durch den Mund, und geben Sie Laute von sich, ganz wie Ihnen zumute ist.

Dann entspannen Sie sich, beobachten Ihre Atmung und atmen dabei weiterhin durch den Mund.
Jetzt kommen wir zum wichtigsten Teil der Übung. Wilhelm Reich, einer der bedeutenden Männer der modernen Psycho-

logie, entdeckte, daß, wenn seine Klienten tief durch den Mund ein- und ausatmeten und dann ihren natürlichen Atemfluß beobachteten, bei ihnen oft spontan Emotionen an die Oberfläche kamen und sich ausdrückten. Das kann auch bei uns der Fall sein. Oftmals sind es Gefühle, die wir lange Zeit zurückgehalten oder so verdrängt haben, daß wir uns ihrer gar nicht mehr bewußt sind. Alle Gefühle aber, die wir nicht ausdrücken, die wir nicht herauslassen, stauen sich im Körper an und haben sogar physische Auswirkungen zur Folge, wie zum Beispiel Verspannungen.
Mit Hilfe dieser Übung solche Gefühle herauszulassen ist in sich schon ein Heilungsprozeß. Die Gefühle steigen an die Oberfläche, drücken sich aus und verlassen dabei den Körper; wir fühlen uns danach befreit, entspannt und erheblich vitaler als vorher.
Diesen natürlichen Heilungsprozeß können Sie also selbst in Gang setzen, indem Sie einfach Ihre Atmung beobachten und die Gefühle, die Sie in sich hochsteigen fühlen, mit den entsprechenden Lauten und/oder Bewegungen, sich ausdrücken und aus sich hinausfließen lassen. Vielleicht werden Sie Wut in sich hochsteigen fühlen oder Trauer oder auch Freude – schlagen Sie ruhig mit Händen und Füßen um sich, schreien, weinen oder lachen Sie, je nachdem, wie Ihnen gerade zumute ist. Wichtig ist nur, daß Sie sich dem Gefühl, das gerade in Ihnen hochsteigt, völlig hingeben.
Auch wenn Sie zunächst vielleicht davor Angst haben oder es Ihnen peinlich ist: Atmen Sie in alle Gefühle, die in Ihnen aufsteigen, hinein, und erlauben Sie ihnen, sich auszudrücken. Hinterher werden Sie sich viel besser fühlen, und Sie werden wieder etwas Neues über Ihre tiefersitzenden Gefühle erfahren haben.
Ganz wichtig ist, daß Sie sich während der gesamten Übung Ihrer Atmung bewußt bleiben. Das Atembewußtsein führt

Sie zu Ihren verborgenen Gefühlen – und hier liegt auch der Grund, warum wir uns oftmals unserer Atmung so wenig bewußt sind: weil wir an bestimmte Gefühle und Empfindungen nicht erinnert werden, sie nicht wahrnehmen und spüren wollen.

Ich möchte Sie jedoch dazu ermuntern, dieses Verhaltensmuster endlich abzulegen.

Natürlich können Sie diese Übung auch in Gegenwart eines guten Freundes machen, der Sie so besser kennenlernt und Ihnen vielleicht helfen kann, mit den in Ihnen aufsteigenden und manchmal sehr heftigen Gefühlen besser fertig zu werden. Die meisten Menschen jedoch möchten bei dieser Übung lieber allein sein. Um Ihnen nun trotzdem die Möglichkeit zu geben, sich von einem Menschen durch die Sitzung führen zu lassen, ohne daß Sie gleich zu einem Therapeuten gehen müssen, habe ich eine Toncassette* entwickelt, mit deren Hilfe Sie sich unter Anleitung einer erfahrenen Sprecherin durch den Prozeß führen lassen können, von Anfang bis Ende der Sitzung. Sie sind also nicht ganz allein, falls Sie Anleitung und Hilfe brauchen und niemanden kennen, dem Sie persönlich so völlig Ihre verborgenen, tiefsten Gefühle anvertrauen möchten.

Ob Sie diese Übung nun lieber allein oder unter Anleitung machen möchten, ist natürlich Ihre ganz persönliche Entscheidung; ich rate Ihnen jedoch, sie so oft wie möglich zu machen; auf jeden Fall immer dann, wenn Sie spüren, daß Sie sich nicht ganz wohl fühlen, daß dicht unter der Oberfläche Ihres Bewußtseins etwas danach drängt, nach oben zu steigen und sich ausdrücken zu wollen.

Auch innerhalb Ihres üblichen Tagesablaufs, sogar in Gegenwart anderer Menschen, können Sie diese Übung in modifi-

---

* Bezugsquelle siehe Seite 170

zierter Form machen: Beobachten Sie sechs bis zehn Atemzüge lang Ihre Atmung, nehmen Sie Kontakt zu Ihren Gefühlen auf; und wenn Sie spüren, daß da etwas dicht unter der Oberfläche liegt, daß vielleicht Tränen oder Wutgefühle in Ihnen aufsteigen, dann ist es an der Zeit, wieder einmal die ganze Übung zu machen, sobald es Ihnen möglich ist.

Kapitel vier

Übungen zur Entwicklung der persönlichen Kraft

Stellen Sie sich vor, Sie stehen in Ihrem üblichen Tagesablauf, sind also mit Arbeit beschäftigt, halten sich aber gleichzeitig offen für eine neue Begegnung. Sie sprechen mit einem Freund, der Ihnen jemanden vorstellt. Sie sehen dieser Person in die Augen und sind tief berührt vom Erscheinungsbild und der Ausstrahlung dieser Person.
Was geht in diesem Augenblick in Ihrem Körper vor? Fühlen Sie sich stark, gefestigt? Oder greifen in diesem Moment Angst und Unsicherheit nach Ihnen?
Die folgenden Übungen zur Entwicklung der persönlichen Stärke sollen Ihnen helfen, in wichtigen Momenten wie diesem Ihre Stärke zu spüren. Hemmungen und negative Gewohnheiten vieler Art können in uns aufgestaut sein, und gleichgültig, wie sehr wir aus dem Kopf heraus entscheiden

und handeln, unser Körper ist von einer Schwäche befallen, die unsere Fähigkeit, zu agieren und auf den bestimmten Menschen zuzugehen, hemmt. In vielen Kulturen gibt es überlieferte, noch immer effektive Übungen, die den für einen solchen Fall notwendigen «Jägerinstinkt» wecken.
Wenn wir einer plötzlichen Gefahr gegenüberstehen, reagiert unser Körper natürlicherweise so, daß er sich augenblicklich mit Energie auflädt und diese Energie dann in Handlung entläßt, indem wir entweder weglaufen oder kämpfen. Und wieder ist dabei die Atmung von entscheidender Bedeutung. Angst zeigt sich in einer schnellen, heftigen Einatmung, mit der wir uns mit Energie aufladen und die wir dann beim Ausatmen während des Handelns entlassen. Wenn Sie in einer Situation gehemmt und unfähig zu handeln sind, werden Sie feststellen, daß gleichzeitig Ihre Atmung gehemmt ist, daß Sie in eingeatmeter Stellung den Atem anhalten, unfähig, die Spannung durch ein tiefes Ausatmen zu entlassen.
Wir werden jetzt Bewegungsübungen machen, die diese Blockade Ihrer inneren Stärke abbauen und damit gleichzeitig Ihre Fähigkeit erhöhen, sich der Gefahr zu stellen und diesem neuen Menschen mit Stärke und Selbstvertrauen zu begegnen. Ich möchte noch bemerken, daß diese Übungen auch sehr effektiv sind, Ihre sexuellen Energien freizusetzen und Ihnen auch auf dieser Ebene helfen können, eine Begegnung erfolgreicher zu gestalten. Und sogar in beruflichen Situationen sind diese Übungen hilfreich, da sie Sie darauf vorbereiten, Herausforderungen jeder Art erfolgreicher bestehen zu können.
Ich stelle Ihnen hier eine Reihe von Übungen vor, die ich in meiner langjährigen Therapiepraxis entwickelt und angewandt habe, und ich möchte es Ihnen überlassen, diese Übungen entweder in der hier angegebenen Strukturierung hintereinander durchzugehen oder sich die herauszusuchen,

die Ihnen am ehesten entsprechen, und sich auf diese zu konzentrieren. Mit der Zeit kann es sich durchaus ergeben, daß Sie einige Übungen Ihren eigenen Bedürfnissen entsprechend variieren und in leicht abgewandelter Form zu Ihren eigenen, ganz persönlichen Übungen machen. Wichtig ist nur, daß Sie die Übungen erst einige Male genau so machen, wie sie beschrieben sind, damit Sie die Wirkung selbst an sich erleben. Sie werden am besten selbst für sich herausfinden, wann Sie welche Übung machen; ob Sie es vorziehen, grundsätzlich alle Übungen nur dann zu machen, wenn Sie allein sind, oder ob Sie Übungen finden, die Sie machen können, während Sie an der Bushaltestelle stehen oder sogar während einer geschäftlichen Konferenz, während der Hausarbeit, usw.

Zentrieren

Bei dieser ersten Übung richten wir unsere Aufmerksamkeit nach innen. Wir kehren hier noch einmal zurück zu den ersten Meditationen: Atembewußtsein, Herzschlag, Balance.
Am besten suchen Sie sich einen ruhigen Raum, in dem Sie nicht gestört werden können. Sie stehen mit geschlossenen Augen einfach da. Spüren Sie, wie Ihre Füße fest auf dem Boden stehen. Dann beobachten Sie Ihre

Atmung, wie in der Atemmeditation. Spüren Sie, wie die Luft durch Ihre Nase ein- und ausströmt, spüren Sie die Bewegungen von Brustkorb und Bauchmuskulatur während des Atmens.

Dann erweitern Sie Ihr Bewußtsein, bis Sie gleichzeitig auch Ihren Herzschlag spüren. Sagen Sie bei der nächsten Ausatmung unhörbar «Herzschlag», und werden Sie nicht ungeduldig, wenn Sie ihn nicht gleich spüren können. Mit der Zeit und bei wiederholter Übung werden Sie ihn bestimmt spüren können.

Bei der nächsten Ausatmung dann sagen Sie das Wort «Balance», und dabei spüren Sie Ihren Körper und seine Beziehung zur Schwerkraft. Dieser Schritt wird Sie unmerklich, aber sicher dahin bringen, sich Ihres ganzen Körpers gleichzeitig bewußt zu sein. Aber bitte haben Sie Geduld mit sich, wenn es nicht gleich beim erstenmal vollkommen klappt. Ihr Bewußtsein wird sich schrittweise immer mehr erweitern, je häufiger Sie die Übung machen. Es gibt übrigens keinen Endpunkt für diese Erweiterung des Bewußtseins. Jedesmal, wenn Sie diese Übung machen, wird es ein neues, einzigartiges Erlebnis sein; jedesmal, mit jedem Atemzug, werden Sie sich anders fühlen.

Nun sagen Sie das Wort «Luft» und erweitern Ihr Bewußtsein, bis es auch die Luft einschließt, die Sie atmen, und die Atmosphäre, die Sie umgibt.

Dieses Bewußtseinsniveau ist es, auf dem Sie sich befinden werden, wenn Sie einem neuen Menschen begegnen. In diesem Augenblick bereits atmen Sie beide die gleiche Luft, da Sie ja beide innerhalb der Atmosphäre dieses selben Planeten leben. Versuchen Sie, jetzt schon, auf dieser Ebene, einen «Kontakt» zu spüren mit der Person «da draußen».

Und beim nächsten Atemzug schließlich sagen Sie das Wort «Erde», und Sie werden sich des Bodens bewußt, des Planeten, auf dem Sie stehen und auf dem auch Ihr ersehnter Partner steht.

Atmen Sie noch eine Weile so weiter, indem Sie sich gleichzeitig Ihrer Atmung, Ihres Herzschlags, der Schwerkraft, der Luft um Sie herum und des Planeten, auf dem Sie stehen, bewußt sind.

Wenn Sie nun Ihrem gewünschten Partner begegnen, können Sie mit Hilfe dieser Meditation sofort in die Gegenwart kommen, und Sie werden im Augenblick der ersten Begegnung sich Ihres Körpers bewußt sein, Ihre persönliche Stärke und Ihr inneres Zentrum spüren, und so fähig sein, auch mit dem Körper, der Ihnen gegenübersteht, einen direkten Kontakt aufzunehmen.

Der letzte Schritt der Übung besteht darin, daß Sie Ihre Augen sich dann öffnen lassen, wenn diese selbst es wollen; nun stellen Sie fest, ob Sie sich auch bei geöffneten Augen Ihrer Atmung, Ihres Körpers und der Außenwelt bewußt bleiben können! Wir neigen dazu, den Kontakt zu unserem inneren Zentrum zu verlieren, wenn wir die Augen öffnen. Es gehört zu den wichtigsten Herausforderungen für einen Jäger, dieses Bewußtsein auch bei geöffneten Augen und auch in der Gegenwart anderer Menschen nicht zu verlieren, und natürlich werden Sie auch während Ihrer wichtigen Begegnung die Augen offen haben und trotzdem Ihr inneres Zentrum spüren wollen!

Diese Meditation können Sie überall machen, wann immer Sie eine Minute Zeit haben. Bestimmt findet sich ein dutzendmal pro Tag diese eine Minute, und Sie werden erstaunt sein, wie Sie sich schon innerhalb einer Woche verändert haben werden!

Geist-Körper-Integration

Fast alle Menschen in unserem Kulturbereich leiden an einer mangelnden Integration des mentalen, des geistigen Bereichs und des Bereichs der körperlichen Gefühle und Empfindungen. Die folgende Übung, eine Kombination aus Bewegungsabläufen des Yoga und Atemtechniken der Bioenergetik, wird Ihnen bei dieser Integration helfen.

Wir beginnen damit, daß Sie Ihren Kopf langsam auf die Schulter sinken lassen, während Sie vollständig ausatmen. Dann lassen Sie den Kopf langsam über eine Schulter nach hinten abrollen, wobei Sie durch die Nase einatmen, bis der

Kopf einen Halbkreis vollendet hat. Dann atmen Sie durch den Mund aus, bis der Kopf über die andere Schulter wieder nach vorn auf die Brust rollt. Geben Sie einen seufzenden Laut von sich, bis Sie vollständig ausgeatmet sind. Sollte Ihr Nacken oder Ihre Schulter so verspannt sein, daß diese Bewegung an manchen Stellen weh tut, zwingen Sie sich nicht durch den Schmerz hindurch, sondern lassen Sie den Kopf nur locker so weit wie eben möglich kreisen; jedesmal, wenn Sie diese Übung machen, werden sich Ihre Verspannungen weiter lockern.

Nachdem Sie in einer Richtung drei- oder viermal den Kopf haben kreisen lassen, wechseln Sie zur anderen Richtung über, kreisen wieder drei- bis viermal und öffnen dann die Augen. Sie lassen die Umgebung an sich vorüberziehen, während Sie wieder den Kopf drei- bis viermal in jede Richtung kreisen lassen. Sie können ruhig seufzen oder auch kräftig gähnen, wenn die Entspannung im Kehlkopfbereich Sie dazu anregt.

Nun halten Sie einen Moment inne; beobachten Sie, wie Ihre Atmung sich während dieser Übung geändert hat. Stellen Sie fest, ob sich auch Empfindungen und Gefühle bei Ihnen geändert haben und ob Sie jetzt vielleicht besser Ihren Herzschlag fühlen können als vorher.

Nach jeder Übung sollten Sie einen Moment pausieren und feststellen, was sich währenddessen bei Ihnen geändert hat. Dieses Reflektieren nach jeder Übung ist genauso wichtig wie die Übungen selbst! Denn nur durch das Reflektieren der gerade gemachten Erfahrung kann ein Lernprozeß stattfinden!

Lust an der Bewegung

Mit der folgenden Übungsserie werden Sie Ihren Körper aufwecken und energetisieren. Machen Sie die Übungen mit offenen Augen; die Beine sollten so weit gespreizt sein, daß Sie einen bequemen und festen Stand haben.

Hände ausschütteln

Schütteln Sie beide Hände in rhythmischer Bewegung kräftig aus, so als ob Sie sie rechts und links von sich wegwerfen wollten. Schütteln Sie sie immer schneller und heben Sie dabei Ihre Hände immer höher, gleichzeitig stellen Sie sich auf die Zehenspitzen und halten die Hände schließlich hoch über Ihrem Kopf wie die Flügel eines Hubschraubers. Überanstrengen Sie sich nicht, sondern gestalten Sie die Übung so, daß Sie immer ein angenehmes Gefühl dabei haben.

Beine ausschütteln

Heben Sie ein Bein an, und schütteln Sie den Fuß aus. Sie stehen jetzt auf einem Fuß; achten Sie darauf, daß Sie beim Balancieren nicht aus Angst vor dem Fallen den Atem anhalten. Atmen Sie am besten durch den Mund aus.
Dann heben Sie das andere Bein an. Wenn Sie während der Übung den Kontakt zu Ihrer Atmung verlieren sollten, sollten Sie aufhören und zwischendurch immer wieder die Übung des Zentrierens machen. Wenn Sie genügend Zeit haben, sollten Sie immer zwischen den einzelnen Übungen das Zentrieren einschieben.

Den ganzen Körper ausschütteln

Sie stehen fest mit beiden Beinen auf dem Boden und schütteln Ihren ganzen Körper nach allen Seiten aus. Die Bewegungen sollten nicht zwanghaft, sondern spielerisch ablaufen; lassen Sie den Körper sich bewegen, wie und wohin er will. Atmen Sie durch den Mund, und stoßen Sie ruhig Laute aus, wenn Ihnen danach zumute ist.

Das «Nein» – Kopfschütteln

Manchmal haben wir den Eindruck, als würden Zweijährige diese Bewegung fast instinktiv machen; bei allem und jedem schütteln sie den Kopf – und werden meistens dafür bestraft! Beobachten Sie, was passiert, wenn Sie zu diesem frühen Ausdruck kindlicher Selbstbehauptung zurückkehren. Machen Sie beim Kopfschütteln den Mund auf, und atmen Sie dabei

hörbar aus: das Ergebnis wird ein «Ahhh – Ahhhhh!»-Laut sein, den Sie ebenso spielerisch variieren können wie die körperliche Geste der Verweigerung.
Übertreiben Sie die Gesten ruhig, und genießen Sie das Gefühl der heftigen Verweigerung. Sie können auch laut «Nein!» schreien und dabei alle Luft kraftvoll aus Ihren Lungen pressen. Genießen Sie dieses Gefühl der Selbstbehauptung eines Zweijährigen!

Stoßen

Diese Übung führt uns zurück zu einem menschlichen Instinktverhalten, das in der frühkindlichen Phase noch ausgeprägt vorhanden ist, später aber durch Verbote und Strafen aberzogen wird: das abwehrende Stoßen. Natürlich sollen Sie nicht, wie in Ihrer Kindheit, Menschen stoßen, um sich durchzusetzen; aber Sie werden merken, daß das Ausleben dieses instinkthaften Verhaltens etwas mit unserer persönlichen Kraft, mit unserem Durchsetzungsvermögen als Erwachsene zu tun hat. Diese speziellen Bewegungen wecken eine Energie in Ihnen, für die Sie möglicherweise als Kind bestraft worden sind und die Sie deshalb gelernt haben zu blockieren. So wurde diese Hemmung Teil Ihres gewohnten Verhaltensmusters.
Balancieren Sie auf einem Fuß und schwingen Sie den anderen vor und zurück, als würden Sie nach vorn und hinten ausschlagen. Die Arme schwingen Sie dabei in entgegengesetzten Richtungen vor und zurück, wie Sie es beim schnellen Laufen tun. Wie auch bei den anderen Übungen ist es wichtig, daß Sie währenddessen Laute von sich geben. Stoßen Sie scharf und laut ein «Haaa!» aus, während Sie ein Bein vorwärts schwingen. Atmen Sie dann nicht bewußt ein, wenn Ihr Bein wieder

zurückschwingt – die Bewegung Ihres Körpers wird von selbst die Luft in Ihre Lungen bringen. Und da Sie die meiste Kraft haben, wenn Sie fast völlig ausgeatmet sind, sollten Sie auf jeden Fall darauf achten, daß Sie beim Vorwärtsschwingen kraftvoll ausatmen, damit Sie soviel Kraft wie möglich zum Stoßen haben.

Beugen Sie beim Stoßen Ihren Oberkörper leicht vor, und richten Sie sich beim Zurückschwingen wieder auf. Und – genießen Sie die Bewegungen und das Empfinden Ihrer Kraft beim Stoßen. Lächeln Sie dabei, so daß Sie Ihre Kraft nicht verbissen einsetzen, sondern lächelnd genießen. Diese Kombination von Stärke und Freude ist es, die auf andere anziehend wirkt.
Stoßen Sie nur fünf- oder sechsmal mit dem einen Bein nach vorne, dann wechseln Sie das Bein. Sie werden feststellen, daß dies ebensosehr eine Balance- wie eine Kraftübung ist. Machen Sie die Bewegungen spielerisch und mit Genuß, und seien Sie nicht ungeduldig mit sich, wenn Sie nicht gleich perfekt balancieren können. Wenn Sie diese Übung häufiger machen, wird Sie irgendwann plötzlich ein Gefühl nie erlebter Kraft erfüllen. Stoßen ist ein unerhört vitaler menschlicher Reflex, der Ihre Fähigkeit, sich zu schützen und zu verteidigen, ausdrückt; und diese Art von Bewegung mobilisiert alle Energien Ihrer Überlebensinstinkte!

Erhöhung der vitalen Energie

Um Ihren Körper mit Energie aufzuladen, ist nichts besser geeignet als das Auf- und Abspringen, bei dem Sie für einen Moment die Schwerkraft überwinden und nur auf den Boden kommen, um sich gleich wieder abzustoßen und in die Höhe zu springen. Als Kinder haben wir dies alle oft und gerne getan, sofern uns nicht eine physische Behinderung von diesem Ausdruck vitaler Lebensfreude abgehalten hat.
Aber wir können auch als Erwachsene wieder zu diesen Bewegungen zurückkehren, um unsere Vitalität und Kraft zu spüren und auszudrücken. Stellen Sie sich dazu am besten mit gegrätschten Beinen hin, Ihre Füße etwa 30–40 cm voneinan-

der entfernt, und springen Sie zuerst nur so hoch, daß Ihre Füße sich gerade vom Boden abheben. Atmen Sie während zwei Sprüngen aus, möglichst durch den Mund. Atmen Sie aber nicht zu heftig ein, damit Ihnen nicht schwindlig wird.

Springen Sie zuerst auf der Stelle; danach können Sie auch im Raum herumspringen. Ihr ganzer Körper wird dabei kräftig durchgeschüttelt und gelockert. Genießen Sie es, die Welt vor sich auf- und abtanzen zu sehen, und bleiben Sie sich auch bei dieser Übung Ihrer Atmung und Ihres Herzschlages bewußt.

Stehen Sie während der Übung immer mal wieder mit geschlossenen Augen einen Moment lang still da und beobachten Sie Ihre Atmung (atmen Sie weiter durch den Mund, bis Ihre Atmung sich beruhigt hat) und Ihren Herzschlag. Falls Sie beim Zentrieren das Schlagen Ihres Herzens nicht gespürt haben, werden Sie es jetzt ganz bestimmt spüren! Und lassen Sie Ihre Schultern locker mitschwingen, wenn Sie auf- und abspringen. Lassen Sie alle Muskeln, Ihren ganzen Körper mitschwingen. Wenn Sie Ihre Schultern angespannt und Ihre Oberarme am Körper angelegt haben, wird der Stoß, den Sie bei der Bodenberührung erfahren, Ihre Muskeln nur weiter verspannen, und die Übung wird sinnlos. Leider stelle ich bei meinen Klienten immer wieder fest, daß viele von ihnen mehr oder weniger «steif» springen, und ich muß sie immer wieder daran erinnern, sich zu lockern und ihren ganzen Körper mitschwingen zu lassen. Da ich dies bei Ihnen nicht tun kann, kann ich Sie nur bitten: Erinnern Sie sich selbst immer wieder daran, den ganzen Körper locker zu lassen; Sie werden den Unterschied schnell merken: Wenn der ganze Körper mitschwingt, ist dies keine «Übung» mehr, die Sie absolvieren müssen, sondern die reine Freude und ein körperlicher Genuß; und gerade die angenehme Körperempfindung, nämlich der Genuß Ihrer Vitalität ist ein wesentlicher Bestandteil der ganzen Übung!

Das innere Lächeln

Das innere Lächeln ist ein wichtiger Bestandteil einer jeden Übung. Ich meine nicht das angespannte, gewollte Lächeln, zu dem wir uns jederzeit zwingen können und das wir so oft «aufsetzen», sondern ein Gefühl, das von innen heraus kommt, die Gesichtsmuskeln entspannt statt verkrampft und uns lächeln läßt, eine Art Energiefluß, der, vom inneren Zentrum ausgehend, bis in das Gesicht emporsteigt. Dieses innere Lächeln kann für eine Begegnung von ausschlaggebender Bedeutung sein. Statt mit einem aufgesetzten Lächeln Ihr Gesicht zu verkrampfen, um vielleicht Ihre Unsicherheit zu verbergen, wenn Sie jemandem begegnen, der Ihnen wichtig ist, entspannen Sie Ihre Zunge und den Unterkiefer, entspannen Sie alle Gesichtsmuskeln und erspüren dieses Lächeln, das von innen kommt und sich ganz einfach in Ihrem Gesicht ausdrückt. Dieses innere Lächeln macht eigentlich die Schönheit eines Gesichtes aus; wenn Sie sich nicht bewußt bemühen

zu lächeln, sondern eine vom Herzen aufsteigende Energie in Ihr Gesicht strömt, Ihre Augen strahlen läßt, Ihre Lippen entspannt und ausdrucksvoll macht, – mit diesem Lächeln und einem wachen Bewußtsein Ihres Körpers und Ihres eigenen, inneren Zentrums sind Sie in der besten Ausgangsposition für eine erfolgreiche Begegnung.

Übersicht über die Übungen zur Entwicklung der persönlichen Kraft

Die ersten vier Übungen können Sie als abgeschlossenes Übungsprogramm ansehen, das Sie gleich morgens nach dem Aufstehen machen können, um Ihre Vitalität zu wecken, aber auch jederzeit während des Tages, wenn Sie sich von Verspannungen oder depressiven Stimmungen lösen und sich mit Energie aufladen wollen. Die Übungen lösen akute Verspannungen, und auf längere Sicht aktivieren sie Ihr Gefühl für Ihr Selbstvertrauen und Ihre Persönlichkeit.

Wenn Sie ein wenig mehr Zeit aufwenden wollen bzw. können, empfehle ich Ihnen jedoch, durch alle acht Übungen zu gehen:

1. Zentrieren
2. Nackenrollen
3. Händeausschütteln
4. Füße ausschütteln
5. Den ganzen Körper ausschütteln
6. Das «Nein» – Kopfschütteln
7. Das Stoßen
8. Auf- und Abspringen

Als nächstes wollen wir uns der Erweiterung Ihrer Wahrnehmungsfähigkeit zuwenden, bevor wir auf die weiteren Übungen zur Steigerung der persönlichen Stärke zurückkommen.

Kapitel fünf

Techniken zur Erweiterung Ihrer Wahrnehmungsfähigkeit

*I*n unserer nur unvollkommen entwickelten Wahrnehmungsfähigkeit liegt die Hauptursache der Schwierigkeiten in zwischenmenschlichen Kontakten, und Sie können Ihre Chancen, «einander zu finden», um vieles erhöhen, wenn Sie diese Fähigkeit fördern.
Wir werden uns hier mit Ihren Wahrnehmungsgewohnheiten in alltäglichen Situationen beschäftigen. Diese Gewohnheiten bestimmen das Ausmaß und die Qualität Ihres visuellen Kontaktes mit anderen Menschen.
Wenn Sie eine Frau sind, wissen Sie besonders gut, daß der Augenkontakt unangenehme Folgen haben kann. Mancher Mann starrt ständig alle Frauen an und wartet nur darauf, auf einen Blick mit dem leichtesten Anzeichen von Interesse zu treffen. Sobald dieser Augenkontakt zustande gekommen ist, versteht er das als Aufforderung und verfolgt sie mit der Ab-

sicht, eine weitere sexuelle Eroberung zu machen. Aus diesem Grund neigen viele Frauen dazu, normalerweise überhaupt niemanden direkt anzusehen, wenn sie eine Straße entlanggehen, wenn sie im Bus oder in der U-Bahn sitzen. Dieses Verhalten hilft sicherlich unerwünschte Begegnungen mit unerwünschten Leuten zu vermeiden. Aber es begrenzt auch erheblich Ihre Möglichkeiten, demjenigen, nach dem Sie suchen, zu begegnen und seinen Blick zu erwidern.

Ich stelle diese Wahrnehmungsübungen gerade hier vor, nach den Übungen zur Erhöhung der persönlichen Stärke, denn beide gehören zusammen. Sie müssen bereits Kontakt zu Ihrem inneren Gleichgewicht und Ihrer inneren Stärke gefunden haben, *bevor* Sie diese besondere Art des Sehens in Ihren sozialen Kontakten anwenden können.

Interessanterweise bietet die traditionelle Psychologie keinerlei Hilfe auf dem Gebiet der Wahrnehmung in sozialen Situationen an. Die folgenden Übungen habe ich der tantrischen Tradition in Tibet entnommen und bei den amerikanischen Indianern in Guatemala, Westmexiko und Arizona gefunden. Unsere Kultur verstärkt bestimmte Sehgewohnheiten besonders, während sie andere fast völlig vernachlässigt. Im Prinzip kann unser Gehirn die Augen auf vier verschiedene Arten benutzen, um visuelle Informationen zu sammeln. Wir werden alle vier Arten kennenlernen und herauszufinden versuchen, welche Ihnen besonders helfen kann bei Ihrer Suche nach einem bestimmten Menschen.

Die vier Arten des Sehens

1. Das Wahrnehmen von Bewegung

Diese Art des Wahrnehmens haben wir mit fast allen Tieren gemein. Das Wahrnehmen von Bewegung ist eine grundlegende Überlebensaktivität von Augen und Gehirn. Wenn Sie als Jäger sehen, daß sich etwas bewegt, ist es gut möglich, daß Sie Ihre Mahlzeit bereits ausgemacht haben. Wenn Sie dagegen gejagt werden, wenn Sie auf der Flucht sind, und Sie sehen, daß sich etwas bewegt, können Sie ganz schnell das Opfer sein, wenn Sie auf dieses optische Signal nicht entsprechend reagieren und äußerst vorsichtig (oder sehr schnell) sind.

Wir sind also genetisch darauf programmiert, unsere Augen zu benutzen, um Bewegung zu entdecken. Unglücklicherweise kann Angst diese Fähigkeit extrem reduzieren. Ängstliche Menschen entwickeln oftmals die Gewohnheit, starr geradeaus zu blicken, ohne ihre Außenwelt wirklich zu registrieren, und vermeiden aus negativen Erfahrungen überhaupt jeden Augenkontakt, sofern es möglich ist.

Wie ist das bei Ihnen? Blicken Sie gerne in Ihrer Umgebung umher, um Bewegung zu entdecken? Oder vermeiden Sie diese Art des Sehens? Sind Ihre Augen es gewohnt, die Umgebung abzutasten, um zu sehen, von welchen Menschen und anderen lebenden Wesen Sie umgeben sind (einschließlich eines möglichen neuen Freundes), oder haben Sie eine Wahrnehmungsgewohnheit, von der Sie sich aktiv lösen sollten?

Wenn das letztere der Fall ist, sollten Sie die folgende Übung ausprobieren: Beobachten Sie Ihre Atmung, Ihren Herzschlag und Ihr Gleichgewichtszentrum, während Sie sich bewußt umsehen mit dem Ziel, Bewegung zu entdecken. Diese Übung, die Sie jedesmal nur sechs Atemzüge lang zu machen brauchen, wird Ihre Wahrnehmungsgewohnheiten erstaunlich schnell erweitern. Diese Übung bringt Sie in die Gegenwart, hilft Ihnen, bewußt wahrzunehmen, was sich in diesem Moment tatsächlich vor Ihren Augen bewegt. Sie hilft Ihnen, sehen zu lernen wie ein Jäger.

2. *Das Wahrnehmen von Formen und Symbolen*
Dies ist die Wahrnehmung, die in unserer Kultur dominiert, die in der Schule und später in der beruflichen Arbeit in den meisten Fällen am stärksten gefordert und ausgebildet wird. Von Natur aus tasten unsere Augen ein Objekt mit schnellen Augenbewegungen ab, um die Form oder den Umriß ausmachen zu können.

Die so erhaltenen Informationen werden dem visuellen Gedächtniszentrum unseres Gehirns übermittelt und dort mit allen Formen und Umrissen ähnlicher Art, die aus vergangenen Erfahrungen dort gespeichert sind, verglichen. Sobald der Umriß im Groben identifiziert ist, wird die passende Bezeichnung dafür gesucht, und damit ist der gesamte Vorgang des Sehens abgeschlossen.

Wenn Sie zum Beispiel auf einen Stuhl blicken, nehmen Sie die visuelle Information auf, verarbeiten sie in Ihrem visuellen Gedächtnis, wobei das Wort «Stuhl» ins Bewußtsein tritt. Vielleicht erinnern Sie sich beim Anblick dieses Stuhles an einen Stuhl im Hause Ihrer Tante, der diesem hier ähnelt, oder es fallen Ihnen andere Assoziationen zu dem Wort «Stuhl» ein.

Diese Art des Sehens hat eine beurteilende Funktion, die Sie natürlich, wenn dies Ihre dominierende Art zu sehen ist, auch

auf Menschen anwenden, die Ihnen neu begegnen. Sie sehen jemanden, Sie nehmen seine Gestalt, den Umriß der Figur, andere relevante Informationen in sich auf, vergleichen dieses Bild mit Ihrem Gedächtnisspeicher ähnlicher Bilder und beurteilen die Person als interessant, gefährlich, anregend, häßlich, akzeptabel oder liebenswert.
Die meisten Menschen sind in dieser Art des Sehens nur zu gut trainiert. Wir blicken jemanden an; und anstatt die Gegenwart eines einzigartigen menschlichen Wesens zu erleben, verlieren wir uns augenblicklich in unseren eigenen Gedankenbildern, Erinnerungen, Zukunftsprojektionen. Diese Art des Sehens kann uns zwar helfen, eine soziale Situation schnell zu überblicken und uns rechtzeitig warnen, falls sie einer im Gedächtnis gespeicherten Situation ähnelt, die unangenehm oder gefährlich war; aber wir können mit Hilfe dieser Art zu sehen nicht die Erscheinung und das Wesen eines Menschen, der natürlich auf seine Weise einzigartig ist, erfahren.
Diese Art des Sehens trennt uns also von der Gegenwart. Das Wahrnehmen von Formen und Symbolen führt zu Denkprozessen und Reflektionen. Bei dieser Art des Sehens nehmen wir eine visuelle Information auf und beginnen, «darüber nachzudenken»; und schon sind wir nicht mehr in der Gegenwart.

3. Das Wahrnehmen von Farbe
Die dritte natürliche Art des Sehens ist die direkte Erfahrung der farbigen Umwelt, der verschiedensten Farben dieses Planeten. Wir leben in einem Raum ständiger visueller Stimulation durch Farben, erzeugt durch die Abstrahlung der verschiedenen Lichtfrequenzen. Die Energie dieser Frequenzen dringt durch die Augen in unser Gehirn und wirkt sich auf unser Denken und Fühlen aus.

Wenn wir eine Farbe ansehen, sie im Geist mit anderen Farben vergleichen und dann – zum Beispiel – erkennen, daß dies die Farbe «blau» ist, sind wir eigentlich nach der zweiten Art des Sehens, der kognitiven Art, vorgegangen. Wenn wir aber eine Farbe einfach in uns aufnehmen, sie auf uns wirken lassen, ohne uns darum zu kümmern, welche Bezeichnung wir ihr geben könnten, dann wechselt unsere Wahrnehmung zu der dritten Art des Sehens, die uns die richtige Richtung im Sinne unserer gewünschten Begegnung weist.

Unser kognitiver Geist wird entspannt, wenn wir uns allein darauf konzentrieren, eine Farbe zu erfassen, ohne uns für die Umrisse, die Form und Bezeichnung des farbigen Objektes zu interessieren. Wir nehmen bei dieser Art des Sehens die Oberfläche *als Ganzes* in uns auf, statt die Fläche in eine Anzahl von Punkten zu zerlegen und erweitern damit unser Bewußtsein von der Eindimensionalität zur Zweidimensionalität. Diese Art von Farbwahrnehmung bringt es mit sich, daß am Sehen *unser Gefühl* beteiligt ist, daß wir reine Freude beim Erlebnis des Sehens empfinden! Wenn wir unser Sehen darauf ausrichten, Dinge zu bezeichnen und zu beurteilen, ist kein Gefühl, keine Freude beteiligt. Erst wenn wir unsere Wahrnehmung dahin erweitern, die Farbe miteinzuschließen, entwickeln wir ein ästhetisches Empfinden beim Sehen.

Und eben diese Erweiterung der Wahrnehmungsfähigkeit macht den Blick des Jägers aus. Wenn Sie sich nur auf einen Punkt konzentrieren, wenn Ihr Geist damit beschäftigt ist, vorhandene Objekte mit vergangenen Erfahrungen zu vergleichen, leben Sie hauptsächlich in der Erinnerung, nicht in der Gegenwart, und das in dem Moment, in dem eine Begegnung stattfinden kann.

Die Frage ist also: Wie schaffen wir es, statt einen Punkt im

Raum wahrzunehmen, «alles gleichzeitig zu erfassen» und so den direkten Kontakt zur Außenwelt herzustellen?
Ein guter Schritt in diese Richtung ist, regelmäßig zu üben, bewußt Farben wahrzunehmen. Halten Sie jetzt einmal einen Moment inne, beobachten Sie Ihre Atmung, und sehen Sie sich im Raum um, nur mit dem Ziel, Farbe wahrzunehmen. Sie werden schnell merken, wie Ihre Atmung sich dabei zum Positiven verändert, tiefer und entspannter wird.

4. Das Wahrnehmen von Raum – alles gleichzeitig sehen

Eine weitere Wahrnehmungsart kann uns helfen, uns auf die gewünschte, neue Begegnung einzustellen. Diese Wahrnehmungsart ist im Gegensatz zu den anderen meines Wissens in keinem wissenschaftlichen Text je behandelt worden; aber jeder Papago oder Huichole Indianer würde Ihnen stundenlang davon erzählen können. Ich spreche von der Wahrnehmung von Raum, von einer Art zu sehen, bei der man «alles gleichzeitig sehen» kann.

Nehmen wir einmal an, Sie gehen eine Straße entlang und blicken jemanden an, der an Ihnen vorübergeht. Auf welche Weise sehen Sie diese Person an? Höchstwahrscheinlich entdecken Sie zuerst die Bewegung, während die Person sich Ihnen nähert. Und dann blicken Sie wahrscheinlich auf die Augen, auf verschiedene Teile des Körpers; Sie nehmen Informationen auf, um diese Person zu beurteilen und danach entscheiden zu können, wie Sie mit der Situation umgehen werden. Vielleicht bemerken Sie auch die Farbe der Kleidung, und möglicherweise haben Sie sogar Freude an den Farben.

Aber haben Sie wirklich dadurch schon mit dieser Person Kontakt aufgenommen? Und falls Sie es möchten, wie stellen Sie das an?

Untersuchungen haben gezeigt, daß wir meistens zuerst in die Augen eines Menschen blicken und nach dieser Kontaktaufnahme entweder gleich wieder wegsehen, oder die Person nach Form und Farbe visuell abtasten. Tatsächlich sehen wir fast immer nur entweder in das eine oder das andere Auge und sehen damit tatsächlich nur auf einen Punkt im Raum. Jemandem gleichzeitig in beide Augen zu sehen, ist etwas ganz anderes. Denn dabei lösen wir uns von dem einen Punkt im Raum und erweitern unsere Wahrnehmung, um ... Nun, wir nähern uns damit der vierten Wahrnehmungsweise – alles auf einmal zu sehen.

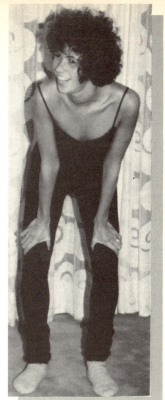

Wie ist das bei Ihnen?
Achten Sie einmal auf Ihre visuellen Gewohnheiten.
Wenn Sie die vier Arten des Sehens kennengelernt haben werden, sollten Sie einmal herauszufinden versuchen, welche der Wahrnehmungsarten Sie selbst hauptsächlich anwenden, welche Art der Wahrnehmung also bei Ihnen dominiert.
Die vierte Wahrnehmungsart ist die, die ich Ihnen, der Sie auf der Suche nach einer neuen Begegnung sind, am meisten ans Herz legen möchte. Wenn Sie lernen, einen Menschen als ein Ganzes mit den Augen zu erfassen, können Sie erreichen, daß

während des Kontaktes Ihre persönliche Stärke völlig intakt bleibt.
Wenn Sie irgendeinen Punkt, also irgendein Objekt in Ihrem visuellen Umfeld nicht als unabhängige, abgeschlossene Einheit betrachten, sondern als einen Teil des gesamten visuellen Erlebens in diesem Augenblick, so ist für Sie dieses Objekt oder diese Person nicht mehr nur ein Punkt im Raum, auch nicht eine flache Oberfläche wie eine Farbe. Statt dessen sehen Sie räumlich, empfinden Tiefe, Raum, Atmosphäre! Wenn wir uns auf einen Punkt konzentrieren, auf das Auge eines Menschen zum Beispiel, sind wir uns nicht der Tiefe, des Raumes zwischen uns und diesem Menschen und der Luft, die wir gemeinsam atmen, bewußt. Von der punktuellen Art des Sehens müssen wir uns also lösen, wenn wir die Ganzheit der Person auf einmal wahrnehmen wollen.
Diese vierte Art des Sehens ist relativ schnell und leicht zu erlernen: Um «alles auf einmal sehen» zu können, müssen Sie sich zunächst der eigenen Gegenwart bewußt sein und sich dann nicht auf einen Punkt konzentrieren, sondern auf den Raum zwischen Ihnen und dem Objekt. Auf diese Weise beurteilen Sie das Objekt nicht cognitiv, sondern Sie «spüren» das betreffende Objekt oder den betreffenden Menschen. Und dieses «Spüren» des Gegenübers ist bei einer Begegnung so wichtig. In Gesprächen mit erfolgreichen Menschen zum Beispiel fand man heraus, daß in fast allen Fällen entscheidende Begegnungen dann stattfanden, als beide in einem Zustand seelischer Ausgeglichenheit waren, in dem sie die Wahrnehmung von Farbe und Tiefe genießen konnten und sich in entspannter Offenheit umsahen. In diesem Zustand nahmen sie sich gegenseitig wahr, ohne den anderen sofort zu katalogisieren und zu beurteilen, – und das magische Erlebnis der «Liebe auf den ersten Blick» konnte geschehen.

Wenn Sie andererseits auf diese Weise jemanden wahrnehmen, der Ihnen nicht angenehm ist, können Sie ohne Probleme das Zentrum Ihrer persönlichen Stärke halten, ohne sich, wie sonst so häufig, durch den direkten – und punktuellen – Augenkontakt in Schwierigkeiten zu bringen. Falls es Ihnen bisher noch schwerfällt, auf diese Art zu sehen, versuchen Sie bitte die folgende Technik, und warten Sie ab, was passiert.

○ Beginnen Sie mit der *Zentrierübung*, die wir ja schon kennen, und bringen Sie sich mit dieser Übung völlig in die Gegenwart, mit einem erhöhten Bewußtsein für Ihr Vorhandensein im Raum.
○ Öffnen Sie dann die Augen, aber fixieren Sie nicht einen bestimmten Punkt im Raum. Statt dessen versuchen Sie, Ihren Blick nicht direkt auf ein Objekt, sondern auf einen fiktiven Punkt mitten im Raum *vor* diesem Objekt zu richten. *Bleiben Sie sich dabei immer der Atmung bewußt.*
○ Erleben Sie bewußt den Raum zwischen Ihnen und dem Objekt sowie Ihre Position innerhalb des Raumes, die Ihres Gegenübers oder des Objektes und der Luft zwischen ihnen.

Dieses bewußte Spüren der Luft, des Raumes, der Sie umgibt, verändert Ihre Wahrnehmung dahingehend, daß Sie plötzlich «alles auf einmal» sehen. Jeder gute Fußballer zum Beispiel erlebt bisweilen diese «magischen» Momente, in denen es zum Beispiel keinen Unterschied mehr gibt zwischen ihm als Spieler, dem Ball und dem Gegenspieler. Auch die Mystiker sprechen von dieser besonderen Art des Sehens, bei der eine Einheit des eigenen Körpers mit der ihn umgebenden Welt empfunden wird. Und eben dieses Wahrnehmungsniveau befähigt zwei Menschen, sich wahrzunehmen, die Präsenz des anderen zu spüren und den direkten Kontakt, den beide gesucht haben.

Zusammenfassung

1. *Entdecken von Bewegung*
weckt den Jägerinstinkt, führt in die Gegenwart.

2. *Wahrnehmen von Form*
führt zu Benennung, Katalogisieren, Vergleich mit vergangenen Erfahrungen – zu Denkprozessen, und damit von der Gegenwart weg in die Vergangenheit.

3. *Wahrnehmen von Farbe*
führt zu zweidimensionalem Sehen, zu ästhetischem Sehgenuß und damit mehr in die Gegenwart.

4. *Wahrnehmen von Raum – alles auf einmal sehen*
führt zu bewußtem Spüren des eigenen Vorhandenseins und damit in die Gegenwart.

Das «Jagen» üben

Beginnen Sie nun damit, diese neue Art des Sehens in Ihrem Alltag anzuwenden, bei Menschen, Tieren, bei allem, was Ihnen begegnet. Wenn Sie beginnen, diese Wahrnehmungstechnik auf lebende Wesen statt auf Objekte anzuwenden, werden Sie einen entscheidenden Unterschied bemerken: die Bewegung der lebenden «Objekte» weckt zusätzlich in Ihnen die erste Art des Sehens, das Entdecken von Bewegung – und damit Ihren Jagdinstinkt; die Wirkung wird also noch wesentlich stärker sein.

Diese Wahrnehmungstechnik können Sie jederzeit und überall üben und anwenden, und allein schon dieses Erlebnis ist eine befriedigende und schöne Erfahrung.

Einander finden ...

... das Problem Nummer eins im zwischenmenschlichen Bereich wie auch in der ökonomischen Partnerschaft: Man wünscht sich Fairness, Sicherheit, Wachstum ...

Pfandbrief und Kommunalobligation

Meistgekaufte deutsche Wertpapiere - hoher Zinsertrag - schon ab 100 DM bei allen Banken und Sparkassen

Verbriefte Sicherheit

Kapitel sechs

Übungen zur Stärkung der persönlichen Anziehungskraft

Was ist es wirklich, was zwei Menschen anzieht? Sicherlich können wir uns von einem klaren Verstand und einem wachen Intellekt angezogen fühlen. Meistens aber ist es die warmherzige Ausstrahlung, eine Energie, die unserer eigenen ähnlich ist, was uns an einem Menschen attraktiv zu sein scheint. Die Übungen, die ich Ihnen hier vorstelle, sollen Ihnen nicht nur helfen, den richtigen Partner zu finden, sondern Ihnen auch nach der Begegnung helfen, die Vitalität und emotionale Wärme ausdrücken zu können, die Sie brauchen, um auch erfolgreich in der neuen Beziehung zu bestehen. Sie können schon heute damit beginnen, Ihre Fähigkeiten zu trainieren, Gefühle und Vitalität auszudrücken. Denn abgesehen von Ihrer Suche sollten Sie immer selbst Ihr bester Freund sein, und diese Übungen werden Ihnen einfach guttun.

Ich ermutige Sie deshalb so sehr zu diesen Übungen, weil viele von uns in ungesunden Gewohnheiten gefangen sind. Wenn wir uns zum Beispiel einsam und depressiv fühlen, neigen wir dazu, energielos herumzusitzen; in diesem Zustand aber haben wir kaum den Schwung aufzustehen und loszugehen, um unsere Jagd zu beginnen.
Wichtig ist, daß Sie sich nicht *zwingen*, die Übungen *regelmäßig* zu machen. Sie sollten sich nur zu Beginn einen kleinen Stoß geben und sich aufraffen, die Übung des Zentrierens zu machen; sie werden dann selbst sehen, ob Ihr Körper bereit ist, weiter den Übungen zu folgen oder nicht. Zwingen Sie sich also zu nichts, geben Sie sich die Freiheit, die Übungen auch nicht zu machen – aber dann *machen Sie diese Entscheidung auch bewußt*. Wenn Sie sich in diesem entscheidenden Moment beobachten, werden Sie wahrscheinlich mit Bereichen Ihres Inneren in Kontakt kommen, die Ihren Wunsch nach einer neuen Freundschaft oder Partnerschaft unterminieren. Nur dadurch, daß Sie sich Ihrer Atmung und Ihrer Gedanken bewußt sind, während Sie die Übungen *nicht* machen, werden Sie die alten Gewohnheiten und Gedankenmuster entdecken, die Sie zurückhalten.

Inzwischen möchte ich Ihnen eine zweite Übungsfolge vorstellen, die eine andere Wirkung auf Sie haben wird als die erste.

Massieren

Falls Sie diese Übungen nicht an die ersten vier anschließen, sollten Sie wieder damit beginnen, Ihre Atmung zu beobachten, Ihren Herzschlag und Ihr Gleichgewicht. Dann öffnen Sie die Augen, und seien Sie sich Ihrer Umgebung bewußt;

nehmen Sie «alles auf einmal» wahr, sich selbst eingeschlossen.
Nun schließen Sie die Augen und legen die Hände locker über Stirn und Augen. Dann lassen Sie Ihre Hände und Finger beim Ausatmen langsam über das Gesicht abwärts gleiten, und seufzen Sie wohlig, während Ihre Hände die Spannungen aus Ihrem Gesicht streichen. Machen Sie dies mehrmals hintereinander, und schütteln Sie zwischendurch Ihre Hände aus, so als würden Sie die mit den Händen aufgenommenen Spannungen abschütteln.
Nun massieren Sie Ihr Gesicht, wie Sie wollen; gähnen und seufzen Sie dabei, so viel Sie möchten. Das Gähnen im besonderen ist eine sehr effektive Art der Gesichtsentspannung; gähnen Sie deshalb so oft und ausgiebig wie möglich.
Massieren Sie nun auch die Nacken- und Schultermuskeln. Wenn Sie allein sind und glauben, daß niemand Sie liebt, können Sie in diesem Augenblick fühlen, daß es doch jemanden gibt, der Sie liebt: Sie selbst. Dies ist immer der Anfang: Sie tun etwas für sich selbst, und Sie werden sich dadurch besser fühlen.

Das «Vorn-über-baumeln»

Beugen Sie sich nach vorne, bis Ihre Hände den Boden berühren; die Beine sind weit gegrätscht, die Arme hängen locker. Blicken Sie auf den Boden, und machen Sie keine bewußte Anstrengung zu atmen. Öffnen Sie den Mund, und lassen Sie Ihre Atmung fließen; beobachten Sie, wie sie intensiver wird, je länger Sie diese körperliche Stresshaltung beibehalten. Und – *lächeln* Sie, während Sie fühlen, wie der Stress, in den Sie Ihren Körper durch diese Haltung bringen, Ihre Energie anwachsen läßt. Lassen Sie Ihre Atmung immer intensiver wer-

den, und hören Sie auf jeden Fall mit der Übung auf, *bevor* der körperliche Stress in Ihnen Wutgefühle aufsteigen und Ihren Körper sich verhärten läßt. Mit dieser Übung wollen Sie nur Ihr Energiepotential erspüren, wollen die Tatsache, daß Sie dieses Potential haben, genießen, und richten sich dann wieder auf. Normalerweise brauchen Sie dazu sechs bis zehn Atemzüge.

Dann beugen Sie sich langsam wieder vor, diesmal mit angewinkelten Knien, und husten ein paarmal kräftig, um die entstandenen Spannungen im Nackenbereich zu lockern. Nun können Sie dazu übergehen, Gesichter zu schneiden, die

Zunge herauszustrecken und vor sich hinzubrabbeln, etwa so wie ein Zwei- oder Dreijähriger es tun würde. Nun richten Sie sich langsam, mit geschlossenen Augen, auf, horchen in sich hinein und erspüren, wie diese Bewegungen und die Laute, die Sie von sich gegeben haben, Ihr Körperbewußtsein und Ihre Gefühle beeinflußt haben.
Geben Sie sich dieser Übung ein paar Minuten pro Tag hin; Ihre gesamte Gefühlssituation wird sich lockern und entspannen.

Stimulieren des ganzen Körpers

Beginnen Sie damit, rhythmisch auf Ihren Kopf zu klopfen, und geben Sie dabei einen «Ahhh»-Laut von sich; beziehen Sie auch die Schultern mit ein. Klopfen Sie ruhig kräftig; wir neigen dazu, unseren Kopf sehr vorsichtig zu behandeln, obwohl er eigentlich eine ganze Menge an Schlägen und Stößen unbeschadet aushalten kann. Durch das Klopfen lockern Sie auch Ihre Augenmuskeln; Sie werden wacher, und die Energien der instinktiven Selbstverteidigung werden in Ihnen geweckt.
Als nächstes schlagen Sie sich auf die Brust wie Tarzan! Rufen Sie dabei so laut wie Tarzan, drücken Sie

so Ihre Stärke aus und lächeln Sie! Dann klopfen Sie sich auf den Solarplexus (im Magenbereich) und auf den Bauch; spüren Sie, wie sich Ihre Bauchmuskulatur dabei zusammenzieht und hart wird, um den Schlägen zu begegnen! Denken Sie daran: Dieses Klopfen kann schmerzen, wenn Sie voll eingeatmet sind; in ausgeatmetem Zustand aber, mit nach vorn geschobenem Becken, werden Sie sich so stark fühlen, daß Ihre «Schläge» Ihnen nicht weh tun! Nun klopfen Sie noch weiter auf den unteren Bauch- und Beckenbereich. Stellen Sie fest, wie stark Sie schlagen können, ohne daß Sie Ihr Lächeln und die Freude an Ihrer Kraft verlieren. Natürlich sollten Sie sich bei dieser Übung nicht wirklich weh tun; Sie erspüren nur Schritt für Schritt Ihre eigene Stärke.

Nun klatschen Sie mit den Handflächen auf die Innenseiten Ihrer Beine, dann klatschen Sie mit einer Aufwärtsbewegung auf die Außenseiten der Beine und auf die Hüften und schließen mit einem kräftigen Schlag auf Ihren verlängerten Rücken, dort, wo der letzte, unterste Rückenwirbel sitzt, die Stimulation ab.

Dann behandeln Sie in gleicher Weise stimulierend auch die Hände und Arme, bis Sie Ihren ganzen Körper, so weit Sie ihn selbst erreichen können, beklopft haben.

Wenn Sie möchten, denken Sie sich einen Rhythmus aus, nach dem Sie in die Hände klatschen, und beenden Sie so die Übung.

Integration von Stärke und Freude

Stellen Sie sich mit ziemlich weit gegrätschten Beinen vor einem Spiegel auf. Ballen Sie die eine Hand zur Faust, wie eine Waffe. Diese Waffe haben wir immer bei uns, und wir sollten diese Tatsache akzeptieren und wissen, was für ein Gefühl es ist, diese Kraft in den Fäusten zu spüren, ohne Angst. Schließlich drückt sich in Ihrer Beziehung zu Ihrer physischen Kraft auch Ihre Beziehung zu Ihrer emotionalen Kraft aus. Wenn Sie Angst davor haben, in einer Gefahrensituation Ihre Kraft zu benutzen, machen Sie sich selbst zum Opfer – physisch und emotional.

Schwingen Sie nun den Arm mit der Faust nach vorn, leicht und spielerisch, während die andere Hand in «Wartestellung» hinter dem Rücken bleibt. Sagen Sie kräftig «Paohhh», während Sie vorwärtsschwingen, zwar ernsthaft zielend, aber dennoch spielerisch und mit einem Lächeln.
Nun wiederholen Sie

das Ganze mit der anderen Hand, verlagern Sie dazu entsprechend Ihr Gewicht und Ihre Körperhaltung. Schwingen Sie Ihre Faust immer schneller nach vorn, bis Sie Ihre Kraft wirklich fühlen. Diese Kraft haben Sie als kleines Kind ganz instinktiv eingesetzt. Sehr wahrscheinlich sind Sie bestraft worden, wenn Sie wütend wurden und auf etwas oder jemanden eingeschlagen haben, und diese Züchtigung hemmte die Entwicklung Ihrer physischen und emotionalen Stärke. Das Wiedererwecken dieses Instinktes gibt Ihnen das Selbstvertrauen  und die persönliche Stärke zurück, die Sie brauchen, wenn Sie auf Ihre Jagd gehen.

Zu jeder Beziehung zwischen zwei Menschen gehören auch Kämpfe im emotionalen Bereich, und die «Kampfbewegungen» dieser Übung sollen Ihnen helfen, Ihre innere Stärke zu spüren, so daß Sie eine tiefe Beziehung eingehen können, ohne Ihr inneres Zentrum, Ihr inneres Gleichgewicht zu verlieren. Dieser Kampfgeist hat überhaupt nichts mit Gewalt zu tun. Gewalt scheint vielmehr erst dann zu entstehen, wenn ein Mensch sich nicht im inneren Gleichgewicht befindet. Durch diese Übungen werden Ihnen Ihre angeborenen Kampfinstinkte bewußt und in Ihre erwachsene Persönlichkeit integriert; Sie können dann Ihre Kraft stets in dem Maße mobilisieren, wie es der Situation angemessen ist.

Variation

Heben Sie beide Arme mit geschlossenen Fäusten hoch über Ihren Kopf. Stellen Sie sich auf die Zehenspitzen, und stoßen Sie einen lauten Ton aus, etwa so: «Haaaaaaiiiiiii...». Dann, wenn Sie fühlen, daß Ihr Körper vor lauter Energie fast birst, lassen Sie Ihre Fäuste nach unten schwingen, als würden Sie auf einen unsichtbaren Tisch schlagen wollen. Sobald Ihre Fäuste auf der unsichtbaren Tischplatte auftreffen, beenden Sie den Laut mit einem «IaaaaaHHHHH!» Wiederholen Sie dies ein paarmal, erst leicht und verspielt

und mit einem Lächeln. Dann lassen Sie die Bewegungen schneller und den Laut stärker werden, bis Sie einen kraftvollen Rhythmus gefunden haben! Aber bitte beenden Sie die Übung immer rechtzeitig, nämlich bevor Sie hart und böse werden und sich in einen Wutausbruch hineinsteigern. Natürlich ist es manchmal gut, seine Wut zu entladen; die Gefahr dabei aber ist, daß wir vor uns selbst erschrecken, wenn wir  die Kontrolle über uns verlieren. Der Sinn dieser Übung soll aber schließlich darin liegen, Ihnen zu helfen, Ihre Freude an der Bewegung mit dem Erspüren Ihrer persönlichen Stärke zu verbinden!

Kapitel sieben

Wie ein Jäger denken und fühlen

In diesem Kapitel werden wir uns noch ein wenig eingehender mit Wahrnehmungstechniken beschäftigen und dann zu den Übungen zur Steigerung der persönlichen Anziehungskraft übergehen.
Wenn wir einen Menschen anblicken, werden mehrere Funktionen unseres Sehens gleichzeitig aktiviert. Wir sehen seine Bewegungen, und gleichzeitig nehmen wir das Gesicht und die Körperumrisse wahr. Die Augen nehmen Hunderte von Einzelbildern schnell auf und senden sie dem Gehirn zur Auswertung. Während wir die Umrisse der Person ausmachen, nehmen wir gleichzeitig die Farben des Bildes auf, und in mehr oder weniger starkem Ausmaß sind wir uns der Umgebung bewußt; wir sehen die Person im Raum, nehmen den Hintergrund und die Entfernung zwischen ihm und uns

wahr. Die Frage ist nun: Welche der vier Arten des Sehens dominiert bei Ihnen? Und was wollen Sie herausfinden, wenn Sie die Person anblicken?

Wir alle werden natürlicherweise von den Augen eines Menschen angezogen. Gleichzeitig haben wir aber oftmals Angst vor einem direkten Augenkontakt, weil diese Art von Kontakt sehr intensiv sein kann und unter Umständen zu unerwünschten Konfrontationen mit den falschen Menschen führt, siehe auch Seite 84f.

Eigentlich aber kommt es gar nicht darauf an, wie Sie einen neuen Menschen anblicken, sondern ob Sie sich dabei Ihrer eigenen Person und Ihrer Stärke bewußt bleiben können. Wir neigen dazu, unser Selbst-Bewußtsein zu verlieren, wenn wir jemandem direkt in die Augen sehen. Wir sind entweder so tief beeindruckt durch den Augenkontakt, daß unsere Atmung anhält und wir das Bewußtsein unseres Selbst vorübergehend verlieren, oder wir werden unsicher und blicken weg und verpassen so vielleicht eine wertvolle Begegnung.

Aus diesem Grund möchte ich Ihnen eine etwas andere Art des Sehens vorschlagen: konzentrieren Sie sich auf einen Punkt dicht vor der Person, statt ihr sofort direkt in die Augen zu sehen. Auf diese Art behalten Sie die Person im Blick und sind sich des Raumes vor und hinter ihr bewußt.

Wir wollen jetzt noch einen Schritt tiefer in diese Art des Sehens einsteigen und beobachten, wie sich das Bewußtsein gegenüber der eigenen Person dabei verhält.

Sich selbst immer «im Auge behalten»

Die sicherste Art, Ihre Augen als «Jagdgehilfen» zu benutzen, ist die, den visuellen Kontakt mit der Außenwelt nur in dem Ausmaß zuzulassen, in dem Sie sich gleichzeitig noch

Ihrer selbst und Ihres eigenen Körpers bewußt bleiben können. Die Atmung spielt dabei natürlich eine ganz besonders wichtige Rolle, besonders die Übung des Zentrierens (siehe Seite 69 f), bei der Sie Ihr Bewußtsein von der Atmung ausgehend auf den Herzschlag und den ganzen Körper ausweiten. Wenn Sie auf diese Art, also in dem positiven Bewußtsein Ihres eigenen Körpers, jemanden ansehen, ist Ihre eigene Ausstrahlung eine ganz andere als sonst, und Sie wirken auf andere Menschen weitaus attraktiver.
Dazu fähig zu sein, setzt natürlich voraus, daß Sie fähig sind, fest in der Gegenwart zu stehen, daß Sie nicht sehnsüchtig in die Zukunft blicken, weil Sie jemanden brauchen, der die Leere in Ihnen ausfüllt und Ihnen Ihre Einsamkeit nimmt.

Mit dem Herzen sehen

Äußerst wirkungsvoll ist es auch, wenn Sie bewußt Ihre Aufmerksamkeit vom Kopf weg zu Ihrem Herzen lenken, während Sie visuellen Kontakt mit Menschen aufnehmen. Auf diese Weise bleiben Sie sich der Atmung bewußt, während Sie Ihr Gegenüber anblicken, und Sie haben das Gefühl, «mit dem ganzen Körper zu sehen», so daß Sie die Gefühle der anderen Person wahrnehmen können. Wenn ich jemanden zum erstenmal sehe, habe ich selbst es oft als sehr wirkungsvoll erlebt, auf die Herzregion eines Menschen zu blicken, statt in sein Gesicht. Wenn ich dann mein Bewußtsein ausweite, um die ganze Person gleichzeitig in mich aufzunehmen, indem ich auf einen Punkt dicht vor ihrem Körper blicke, nehme ich die Gegenwart dieses Menschen auf eine ganz andere Art in mich auf: Ich kann meine spontane gefühlsmäßige Reaktion auf das Vorhandensein dieses Menschen im gleichen Raum mit mir erspüren.

Erst wenn ich diesen ersten Kontakt auf ganzkörperlicher Ebene gemacht habe, erlaube ich meinen Augen, die alten Sehgewohnheiten des Abschätzens und Beurteilens anzuwenden, und ich bewerte diese Beurteilung im Licht dieses ersten, direkteren Kontaktes.

Sie sollten fähig sein, Ihre eigenen, ganz persönlichen Arten des Sehens zu erforschen und sie dann zu entwickeln, wenn Sie es für wertvoll halten. Später werden wir uns noch eingehender mit dieser direkten Art zu sehen eines Jägers befassen; jetzt aber wollen wir uns erst einmal mit den Übungen zur Stärkung der persönlichen Anziehungskraft beschäftigen.

Ihr Gegenüber

Sie suchen jemanden. Jemand sucht Sie. An einem bestimmten Punkt innerhalb von Raum und Zeit werden Sie sich treffen. Von Ihrer Vorbereitung auf diese Begegnung wird es abhängen, was in jenem Moment geschehen wird.
Wir haben uns bisher mit Ihrem eigenen inneren Zentrum, mit Ihrer persönlichen Stärke und mit Ihrem Selbst-Bewußtsein beschäftigt, damit Sie im Moment der Begegnung Ihre Person nicht verlieren. Aber sind Sie auch wirklich bereit, jemanden in Ihre Welt eindringen zu lassen? Es ist eine Sache, sich nach einem Liebhaber oder spirituellen Lehrer, nach einem selbstlosen Freund oder perfekten Geschäftspartner lediglich zu sehnen, aber etwas ganz anderes, einem realen Menschen zu begegnen, ihn in Ihre Welt eindringen und Raum und Zeit mit Ihnen teilen zu lassen.
Wir wollen jetzt einmal feststellen, ob in Ihrer persönlichen Welt überhaupt Platz ist für eine andere Person oder ob Sie Ihren persönlichen Raum ein wenig ausweiten müssen, um eine neue Freundschaft oder Partnerschaft Realität werden zu lassen. Nach Enttäuschungen in einer vergangenen Beziehung ist unser Vertrauen oft so zerstört, daß wir uns für eine gewisse Zeit völlig verschließen. Wir trauen niemandem mehr und gestatten keinem, uns nahe zu kommen.
In einem solchen Zustand kann natürlich keine neue Bezie-

hung entstehen. Sie können noch so voller Sehnsucht und Wünsche sein; solange Sie nicht bereit sind, sich zu öffnen, auch auf die Gefahr hin, wieder enttäuscht zu werden, werden Sie noch nicht einmal die Chance haben, in einer neuen Beziehung Erfüllung zu finden.

Lassen Sie uns jetzt eine Übung machen, die uns über unseren gegenwärtigen Gefühlszustand aufklärt. Nehmen Sie sich dazu zehn Minuten Zeit in einem Raum, in dem Sie nicht gestört werden können.

Beginnen Sie mit der Übung des Zentrierens, um völlig in die Gegenwart zu kommen. Nun erspüren Sie mit geschlossenen Augen Ihr Vorhandensein im Raum. Hören Sie Ihre Atmung, Ihren Herzschlag. Seien Sie sich der Luft bewußt, die Sie atmen.

Jetzt stellen Sie sich vor, daß noch jemand im Raum ist – die Person, die Sie treffen möchten. Versuchen Sie nicht, sich diese Person nach Ihren Idealvorstellungen bildlich vorzustellen. Stellen Sie sich nur vor, daß diese Person mit Ihnen im Raum sitzt, die gleiche Luft atmet wie Sie, und fühlen Sie, wie die Präsenz dieses Menschen ebenso wie die Ihre den Raum füllt.

Ist Ihnen dieses Gefühl angenehm? Seien Sie ehrlich mit sich. Wenn Sie eine negative Reaktion spüren, wissen Sie, daß für Sie die Zeit noch nicht gekommen ist, diesen Menschen zu treffen, da Sie noch nicht bereit sind. Verurteilen Sie sich nicht dafür, – der richtige Zeitpunkt ist von großer Wichtigkeit!

Wir müssen zunächst damit beginnen, uns bereits dann zufrieden zu fühlen, wenn wir den Raum allein auszufüllen und die Zeit nur mit uns verbringen. Die Fähigkeit, den Lebensraum mit einem anderen Menschen zu teilen, ist die natürliche Folge des Lernprozesses, den Raum zufriedenstellend mit uns selbst «füllen» zu können.

Seien Sie geduldig mit sich, und arbeiten Sie daran, Ihre Bereitschaft zu vergrößern, indem Sie das Gefühl der persönlichen Stärke und Ihre Selbstliebe entwickeln.

Leben im Hier und Jetzt

Halten Sie jetzt einen Moment inne und überlegen Sie, ob Sie sich gewohnheitsmäßig die meiste Zeit in Gedanken verlieren, ob Sie in Zukunftsplanungen oder Erinnerungen schwelgen. Wieviel Zeit verbringen Sie wirklich jeden Tag hier, in der Gegenwart? Wir werden dazu erzogen, immer in Eile zu sein; wir eilen zur Schule, zur Arbeit, immer in Hetze, immer in Sorge darüber, was passieren wird und was wir noch hätten tun sollen. In diesem Moment gibt es da draußen jemanden, der Sie sucht. Natürlich fühlen Sie den Druck, etwa den Druck des sexuellen Verlangens oder den Druck finanzieller Schwierigkeiten, die die Aufmerksamkeit eines Geschäftspartners erfordern. Aber solange die Motivation, die Sie vorwärts treibt, aus Angst und Frustration besteht, kann aus Ihrem Vorwärtsdrängen nichts Gutes entstehen. Wenn Sie nicht in der richtigen Verfassung für eine Begegnung sind, hat es keinen Sinn, daß Sie verzweifelt danach suchen.
Darum möchte ich Sie noch einmal ermutigen, durch die richtigen Vorbereitungsstufen zu gehen; und mit der eigentlichen Jagd erst dann zu beginnen, wenn Sie sich innerlich gefestigt und stark fühlen, wenn Sie glücklich mit sich selbst und bereit sind, Ihren Lebensraum mit jemandem zu teilen.

Verstärkung der persönlichen Anziehungskraft

Ich habe oft mit Paaren gesprochen, die der Meinung waren, sie hätten sich rein zufällig kennengelernt. Ich überprüfte, wo jeder ein paar Wochen vorher gewesen war und was er getan hatte, um zu begreifen, wie es geschehen konnte, daß beide gerade die Entscheidungen trafen, die ihr Schicksal näher und näher aufeinander zuführte. Sie konnten nicht erklären, warum sie diesmal nach San Francisco in den Urlaub gefahren waren statt nach Houston, oder warum sie sich dazu entschieden hatten, mit dem Zug nach Manchester zu fahren statt mit dem Auto, oder warum sie dieses Mal in der Mittagspause auf dem Weg zum Restaurant eine andere Straße benutzt hatten als sonst. Scheinbar zufällige Entscheidungen hatten zu ihrem Zusammentreffen geführt.

Wir können diese Zufälle Schicksal nennen oder Glück, oder können sie einer Dynamik menschlichen Bewußtseins zuschreiben, die wir bis heute noch nicht verstehen oder wissenschaftlich untersuchen können. Wenn Ihnen diese Ausführungen zu esoterisch, zu wenig realistisch erscheinen, dann beschäftigen Sie sich einfach weiter mit den mehr «praktischen» Bereichen Ihrer Jagd. Jenen unter Ihnen aber, die der Ansicht sind, daß so etwas wie eine unbeirrbare Anziehungskraft zwischen zwei Menschen existieren könnte, möchte ich jetzt eine Übung vorstellen, die etwas mit dieser Anziehungskraft zu tun hat.

Klarheit der Bedürfnisse

Noch einmal: Die Klarheit darüber, welche Art von Mensch Ihre gegenwärtigen Bedürfnisse befriedigen würde, ist der erste wichtige Schritt. Versuchen Sie, das herauszufinden. Konzentrieren Sie sich auf das körperliche Gefühl des Verlangens in Ihnen und das mehrere Atemzüge lang. Versuchen Sie herauszufinden, wo in Ihrem Körper Sie diesen Druck des Verlangens spüren. Dieses ist der Bereich Ihres Körpers, von dem Ihre Energie für diese folgende Meditationsübung ausgeht. Von dort kommt die Motivationskraft für das «sich finden». Dies mag vielleicht anfangs ein schmerzvolles Gefühl sein, aber sobald Sie die Energie dieses Gefühls spüren und sie in die Meditation mit einbeziehen, werden Sie innerlich ruhiger werden. Das Gefühl der Verzweiflung wird zu einem Gefühl der Zuversicht und ist ein Zeichen dafür, daß es jetzt Zeit wird, mit der Jagd zu beginnen!

Zufriedenheit mit der Gegenwart
Die Bewegungsübungen, die Ihren Körper mit Energie aufladen und den emotionalen Druck entweichen lassen, sind der zweite Schritt in Richtung auf diese Meditationsübung zu. Natürlich gehört dazu, daß Sie sich selbst akzeptieren und lieben können; dabei hilft es Ihnen, sich regelmäßig Ihrer selbst in der Gegenwart bewußt zu werden, zu beobachten, was für Gefühle dabei in Ihnen aufsteigen, bis Sie einen Punkt erreicht haben und sagen können: «Ich bin vielleicht nicht perfekt, aber ich bin in Ordnung, so wie ich nun einmal bin.»

Konzentrieren auf die Existenz des anderen
Jetzt sind wir bereit für die eigentliche Meditation. Sie fühlen sich attraktiv, stark und vital, und Sie haben Ihr Bewußtsein genügend erweitert, um eine andere Person in Ihren persönlichen Bereich aufnehmen zu können.
Und nun?
Genau an diesem Punkt neigen wir dazu, das Schicksal manipulieren zu wollen und unsere Willenskraft einzusetzen, damit endlich etwas geschieht. Wir sind bereit, die gewünschte Person zu treffen, und wir wollen, daß es sofort geschieht!

Es ist schwer, Geduld zu haben, wenn Sie keinerlei Kontakt mit dieser Person spüren. Wenn Sie sich aber entspannen und die tatsächliche Existenz des anderen irgendwo dort draußen, der ebenso nach Ihnen sucht, in Ihr Bewußtsein aufnehmen, wenn Sie darauf vertrauen, daß eine natürliche Anziehungskraft zwischen Ihnen besteht, dann werden Sie plötzlich von einer eigenartigen Ruhe erfüllt sein. Ich will Ihnen bewußt keine psychologische oder spirituelle Erklärung für dieses Phänomen geben – alles was ich sagen kann ist, daß diese Ruhe eintreten wird und daß dann die richtige Zeit für die eigentliche Jagd gekommen ist.

Natürlich basieren diese Ausführungen auf der Vorstellung, daß das gesamte Universum ein geordnetes Ganzes ist und daß, wie die Physiker sagen, alle Atome im Universum sich gegenseitig beeinflussen. Wir alle sind in diesen Prozeß miteinbezogen, und so scheint es auch kein Wunder zu sein, daß zwei Menschen mit sich entsprechenden Bedürfnissen einander anziehen.
Unser Problem liegt nicht darin, die Funktionsweise des Universums erklären zu müssen; unsere Herausforderung ist es, die Fähigkeit der eigenen Anziehungskraft auszubilden und uns auf die gewünschte Begegnung vorzubereiten.

Glaube und Wahrnehmung

Wir sehen, was wir sehen wollen. Was wir glauben, manifestiert sich in unserem Leben. Wenn wir davon überzeugt sind, daß es diese Person, der wir begegnen möchten, nicht gibt, werden wir alle Menschen nur unter dieser Prämisse anblicken, und wir werden nichts entdecken, was unsere Meinung ändern könnte.

Wenn Sie glauben, daß dieser ganze Prozeß des «einander Findens» nicht existiert, dann wird er für Sie sehr wahrscheinlich auch nicht eintreten. Sie sollten sich also einmal genauer dahingehend überprüfen, welche Grundhaltung Sie, größtenteils unbewußt, einnehmen. Ich selbst neige grundsätzlich nicht dazu, an irgend etwas zu «glauben». Ich finde es wesentlich sinnvoller, selbst herauszufinden, was passiert, wenn ich bestimmte Meditationen praktiziere – um dann aus meiner eigenen, praktischen Erfahrung zu lernen.
Nach meiner persönlichen Erfahrung sind diese Meditationen effektiv, und zwar auf jedem Gebiet, auf dem sie angewandt werden. Die Erweiterung des Bewußtseins kann unendlich weit führen, und ich behaupte nicht, die Funktion und die Wirkung dieser Meditation vollauf zu verstehen. Alles, was ich tun konnte, war, sie Ihnen vorzustellen, und Ihnen zu überlassen, Ihre eigenen Erfahrungen zu machen. Sie können diese Meditationsübung durchaus übergehen und trotzdem effektiv in Ihrer persönlichen Jagd sein. Aber ich denke doch, daß sie Ihnen vieles erleichtern wird.

Drei weitere Bewegungsübungen und eine Meditationsübung möchte ich Ihnen noch vorstellen.

Fecht-Streck-Übung
Diese Übung vertieft Ihre Atmung, lockert die Beckenregion und den unteren Rückenbereich und aktiviert die Wahrnehmungsfähigkeiten auf besondere Weise. Die Übung bedeutet gleichzeitig eine Stresshaltung, die Sie Ihr Energiepotential spüren läßt, und sie erweckt den Selbstverteidigungsreflex des Zubeißens. Gleichzeitig ist sie eine Balanceübung.
Stehen Sie so, daß Ihre Fersen sich berühren, und zwar im rechten Winkel zueinander. Strecken Sie dann ein Bein in die

Richtung, in die Ihr Fuß zeigt, vorwärts, und drehen Sie Ihren Körper so, daß Sie direkt auf diesen Fuß blicken. Legen Sie die Hände hinter dem Rücken zusammen und verschränken Sie die Finger ineinander. Dann atmen Sie durch den Mund aus, «als ob Sie zubeißen würden», langsam mit einem kräftigen «Haaahhhh»-Laut. Beugen Sie sich dabei langsam nach vorn in Richtung der Zehenspitzen des vorderen Fußes; beide Knie sind dabei gebeugt.

Beugen Sie beide Knie, und halten Sie das Gewicht auf beide Füße verteilt. In dieser Haltung sind Sie jetzt vollkommen ausgeatmet. Halten Sie einen Moment ausgeatmet inne, bis Sie gierig nach Luft sind! Dann lassen Sie die Luft geräuschvoll durch die Nase einströmen, während Sie sich langsam aufrichten; dabei strecken Sie bei verschränkt gehaltenen Fingern die Arme hinter dem Rücken und wölben dadurch Ihre Brust nach vorn.

Und während der ganzen Zeit blicken Sie immer auf Ihren Fuß!
Halten Sie einen Moment inne, und atmen Sie normal.
Dann drehen Sie Ihren Körper auf den anderen Fuß zu und wiederholen dort dreimal die gleiche Bewegung.

Das lange Schwingen
Sie stehen mit ziemlich weit gegrätschten Beinen aufrecht. Drehen Sie jetzt den Oberkörper, bis Sie direkt hinter sich sehen können. Nach Möglichkeit stellen Sie sich für diese Übung mit dem Rücken zu einem Spiegel, so daß Sie sich bei jeder Drehung in die Augen sehen können. Lassen Sie die Arme vollkommen locker hängen. Drehen Sie nur den Oberkörper nach links und rechts, bis Sie direkt hinter sich sehen können: die Schultern und Arme schwingen einfach locker mit der Bewegung mit. Heben Sie die rechte Ferse, wenn Sie nach links schwingen, und umgekehrt.
Seien Sie sich nach Möglichkeit bewußt, auf was Sie gerade blicken, während Ihr Kopf nach rechts und links im Halbkreis schwingt, und empfinden Sie bewußt Ihren Körper während der Bewegungen. Halten Sie dabei immer die Augenhöhe ein, als

würden Sie geradeaus blicken, damit Sie nicht schwindelig werden. Machen Sie diese Übung, solange Sie wollen. Dann stehen Sie ruhig, mit geschlossenen Augen, und erspüren Sie Ihren Körper und Ihre Atmung. Dieses Schwingen hat erstaunliche Auswirkungen auf das Sehvermögen.

Die Geste der Begrüßung
Diese Übung ist eine Kombination aus den verschiedensten Traditionen. Sie integriert das Erspüren des Inneren in den

Kontakt der Außenwelt. Sie gehört zu meinen liebsten Übungen.
Stehen Sie mit leicht gegrätschten Beinen, etwa so, als wollten Sie skilaufen. Atmen Sie kräftig durch die Nase ein, während Sie sich etwas nach hinten beugen, die Augen gerade nach oben gerichtet, Arme schräg nach hinten, die Hände unten abgespreizt. Die geöffneten Handflächen zeigen dabei nach oben, so als würden sie von oben Energie empfangen. Wen-

den Sie dabei das «innere Lächeln» an; dies gibt der Übung erst ihre richtige Wirkung. Nun atmen Sie langsam durch den Mund aus, geben Sie dabei, tief aus der Kehle heraus, einen «HaaHHHH»-Laut von sich, mit fast geschlossenen Stimmbändern, um den Druck in den Lungen zurückzuhalten. Bewegen Sie dabei gleichzeitig Hände und Arme nach vorn, neigen Sie den Kopf nach vorn, und beugen Sie die Knie etwas, um Ihren Oberkörper in aufrechter Stellung zu halten.
Diese Bewegung endet damit, daß Sie Ihr Gesicht mit den Handflächen bedecken. Sie führen die Hände in weitem Bogen auf die Augen zu und bedecken diese schließlich, wenn Ihr nach vorn geneigter Kopf in den Händen ruht.
Bleiben Sie einen Moment in dieser Haltung, vollkommen ausgeatmet. Ihr gesamter Körper ist jetzt angespannt, mit Ausnahme von Kopf und Händen.
Und wenn Sie schließlich gierig nach Luft sind, atmen Sie kräftig und geräuschvoll durch die Nase ein und beginnen von vorn. Die Augen können Sie schließen, während Sie sie mit den Händen bedecken.
Machen Sie diese Übung nicht mehr als zwölfmal hintereinander. Lassen Sie die Bewegungen fließen, wie von selbst entstehen, sobald Sie den Ablauf einmal gelernt haben. Ihre Hände und Arme werden sich energiegeladen fühlen, voller Kraft und von einer Stärke, die sowohl von außen als auch von innen heraus zu kommen scheint.

Die nächste Übung ist eine passive Meditation, die Sie auf alles anwenden können, was Ihnen gerade am Herzen liegt.
Diese Meditation eignet sich auch gut als Abschluß für die Bewegungsübungen, die wir bisher kennengelernt haben, falls Sie diese als Übungsserie hintereinander ablaufen lassen.

Meditation für persönliche Anziehungskraft
Setzen Sie sich bequem hin, wenn möglich mit aufrechtem Oberkörper. Am besten eignet sich ein Stuhl, auf dem Sie so sitzen können, daß Sie mit den Füßen den Boden gerade bequem erreichen können.
Beginnen Sie wieder damit, sich Ihrer Atmung, des Herzschlags, des Gleichgewichts und des gesamten Körpers bewußt zu werden. Dann versuchen Sie, den Raum zu spüren, in dem Sie sitzen. Werden Sie sich der Luft bewußt, die Sie umgibt, und der Erde, auf der Sie leben und gerade sitzen.
Und nun lassen Sie, ohne sich anzustrengen, sich Ihr Bewußtsein nach außen erweitern in alle Richtungen, während Sie sich Ihres inneren Zentrums bewußt bleiben. Öffnen Sie sich für einen Kontakt mit der Person, der Sie begegnen möchten.
Bleiben Sie sich dabei aber Ihrer Atmung voll bewußt, damit Sie nicht in Phantasien oder Vorstellungen abgleiten, und stellen Sie fest, ob Sie vielleicht tatsächlich die Gegenwart dieser anderen Person spüren können.
Wenn dies passieren sollte, so konzentrieren Sie sich sofort mit voller Aufmerksamkeit auf Ihre Atmung, damit Sie nicht plötzlich vor Überraschung den Atem anhalten. Dieses Gefühl, jemanden, den Sie nicht kennen, wirklich zu spüren, kann zunächst erschreckend intensiv sein; aber wenn Sie sich Ihrer Atmung bewußt bleiben und damit Ihr inneres Zentrum behalten, geht dieses Gefühl in eine wunderbare Entspannung und Zufriedenheit über.
Versuchen Sie auch nicht, dieses Gefühl festzuhalten! Erlauben Sie dem Gefühl. jederzeit wieder zu verschwinden. Und noch etwas Wichtiges: Genau an diesem Punkt machen viele Menschen einen Fehler; sie versuchen, diese Erfahrung, die sie eben gemacht haben, zu wiederholen. Sie benutzen ihr Gedächtnis und ihre Phantasie, um das gleiche Gefühl von

Kontakt wieder zu erzeugen – statt offen zu bleiben für einen weiteren, neuen Kontakt, für eine neue Erfahrung.

Falls Sie diese Übung inzwischen schon ein dutzendmal gemacht und noch immer keinen Kontakt gefühlt haben, geben Sie nicht auf. Vielleicht ist die andere Person für diesen Kontakt noch nicht bereit, und Sie müssen deshalb noch warten. Oder Sie sind noch nicht bereit für diesen Kontakt, und sollten lieber zu einer der vorherigen Übungen zurückkehren und bestimmte Schwierigkeiten überwinden, um dann für diese Meditation vorbereitet zu sein. Sie haben Zeit!

Wenn Sie jemandem zu einem bestimmten Zeitpunkt und an einem bestimmten Ort begegnen werden, bedeutet dies, daß Sie sich beide bereits aufeinanderzu bewegen. Da Sie beide auf den gleichen Treffpunkt zusteuern, stehen Sie ja eigentlich schon in einer Beziehung zu diesem Menschen!

Steigern Sie sich nicht in Hoffnungen und Wunschvorstellungen oder Niedergeschlagenheit hinein, sondern machen Sie einfach jede der Meditationen und Übungen ein paarmal, und sehen Sie selbst, wie Sie darauf reagieren, was geschieht und welche Erfahrungen Sie anschließend machen.

Kapitel acht

Die Jagd beginnt

Zu Beginn dieses Buches sprachen wir über den emotionalen Druck, den Sie körperlich spüren können und der Sie hinausgehen und nach jemandem suchen läßt, der Ihre bestimmten Bedürfnisse und Sehnsüchte erfüllt.
Inzwischen sind Sie nun genug vorbereitet, um diese Energie in konkrete Handlungen umzusetzen. Es ist an der Zeit, sich um die praktische Seite zu kümmern und mit der Jagd zu beginnen, mit der Suche nach der Person, nach der Sie sich sehnen.
Sind Sie bereit, diesen Schritt zu tun? Vielleicht haben Sie auch den Eindruck, daß Sie ohnehin stets auf der Jagd sind. Das ist richtig, wir können niemals wissen, wann eine Begegnung stattfinden wird, also müssen wir immer dazu bereit sein. Denn während Sie dieses Buch lesen, könnte plötzlich das Telefon klingeln, oder es könnte jemand an Ihre Tür klopfen; jemand könnte Ihnen in diesem Moment auf die Schulter tippen und Sie um Feuer bitten ...

In gewissem Sinn müssen wir also jederzeit bereit sein, unsere persönliche Stärke zu mobilisieren und unser inneres Zentrum zu halten. Interessant ist in diesem Zusammenhang, sich mit dem traditionellen Training eines indianischen Jägers zu beschäftigen, dessen Jagderfolg entscheidend von den Vorbereitungen abhängt.

Um für eine erfolgreiche Jagd vorbereitet zu sein, muß ein Jäger, etwa der Papago und der Yaqui-Indianer, zunächst einmal die Fähigkeit der *Kontrolle* entwickeln. Dies bedeutet, daß er lernen muß, fest in seinem inneren Zentrum verankert und seinen Gefühlen gegenüber ehrlich zu sein, damit er nicht seinen tieferen Absichten entgegenhandelt. Nur zu leicht verliert er sonst sein eigentliches Jagdziel aus den Augen und jagt zweitrangigen Zielen nach.

Die zweite notwendige Eigenschaft eines erfolgreichen Jägers ist *Disziplin*, was nichts anderes bedeutet, als sich auf die Entwicklung der eigenen Person zu konzentrieren, bevor man in der Außenwelt etwas erreichen kann. Der Begriff Disziplin hat für uns oftmals eine leicht negativ gefärbte Bedeutung. Für mich bedeutet Disziplin die Fähigkeit, die Aufmerksamkeit jederzeit dorthin lenken zu können, wo es nötig ist, den Weg zum eigenen, inneren Zentrum zu finden, sich immer wieder der Atmung, des Herzschlags und der eigenen Gegenwart bewußt zu sein, statt den mentalen Gewohnheiten zu erlauben, immer wieder vom gewünschten Ziel abzulenken. Disziplin ist – so verstanden – ein Akt der Selbstliebe. Disziplin bedeutet, das zu tun, was Sie für sich als das richtige empfinden und die Techniken anzuwenden, die Ihnen zu dem verhelfen, was Sie brauchen. Und im Augenblick der Begegnung ist eine solche Disziplin äußerst wertvoll, da Sie Ihnen die Fähigkeit verleiht, genau dann, wenn es wirklich nötig ist, Ihr inneres Zentrum zu halten, statt sich durch die Intensität der Begegnung gefangennehmen und ablenken zu lassen.

Die dritte Eigenschaft eines erfolgreichen Jägers ist die *Geduld*, die Fähigkeit, abzuwarten und zufrieden mit der Gegenwart zu sein, statt ständig voller Ungeduld seinem Ziel hinterherzulaufen.
Auch hier können Sie allein durch die Atmung schon viel erreichen. Ungeduld erzeugt Atemverspannungen; vielleicht halten Sie besonders häufig den Atem an. Wenn Sie sich Ihrer Atmung bewußt sind, können Sie den inneren Druck, den Sie als negative Energie verspüren, in aktive Handlung umsetzen statt in passive Ungeduld. Und wieder wird deutlich, weshalb die Bewegungsübungen so wichtig sind für Ihre Jagd. Wenn Sie sich selbst als besten Freund akzeptieren können, wenn Sie gern und oft die Meditationen der persönlichen Anziehungskraft erleben, werden Sie eine Ruhe, eine entspannte Zuversicht verspüren und auch ausstrahlen, die es Ihnen erleichtert, geduldig zu sein. Im *richtigen Moment* zu handeln, ist wichtig; wenn Sie handeln, *bevor* der richtige Moment gekommen ist, können Sie den Erfolg Ihrer Begegnung gefährden.
Aus diesem Grund ist das vierte wichtige Element einer erfolgreichen Jagd das *Erkennen der richtigen Zeit*. Die Redewendung «alles zu seiner Zeit» drückt es aus: Es gibt eine Zeit, in der man geduldig sein muß, und es gibt eine Zeit zum Handeln! Die meisten Menschen finden es unproblematisch, herumzusitzen und nichts zu tun, während sie warten; in diesem Fall aber kann man weniger von Geduld als von einer Unfähigkeit sprechen, aufzustehen und zu handeln. Die Bewegungsübungen können eine gute Methode sein, Depressionen hinter sich zu lassen und aus lähmender Passivität auszubrechen. Dann werden Sie, wenn die Zeit des Handelns gekommen ist, fähig sein, Ihre persönliche Stärke zu mobilisieren und in Handlung umzusetzen.
Vielleicht ist ja gerade in diesem Moment die richtige Zeit

zum Handeln gekommen? Woher wissen Sie denn, wann es soweit ist? Aus meiner persönlichen Erfahrung heraus kann ich Ihnen sagen, daß Sie in diesem Moment ein Gefühl der Ruhe überkommen wird, eine starke Sicherheit. Sie atmen tief und entspannt und empfinden deutlich, daß Kopf und Herz wach und offen sind. Waren Sie bisher zufrieden damit, sich mit den Vorbereitungen zu beschäftigen, so werden Sie jetzt von einer neuen, unbekannten Energie erfüllt sein und von dem inneren Wissen, daß Ihre persönliche Kraft jetzt ausreicht, um sie in Handlung umzusetzen.
Dieses Gefühl ist die reine Lebensfreude, ist das Wissen, daß jetzt alles seinen richtigen Gang gehen wird, daß Ihnen das Glück gewogen ist und daß jetzt die Zeit zum Handeln gekommen ist.
Die fünfte Eigenschaft eines guten Jägers in der Tradition der Indianer ist der *Wille*. Damit ist nicht die Willenskraft im landläufigen Sinne gemeint, sondern die persönliche Kraft, wie wir sie durch die Bewegungsübungen und die Zentrierübung entwickelt haben. Wenn Sie also wissen wollen, ob Sie schon bereit sind, Ihre persönliche Jagd aufzunehmen, sollten Sie über diese fünf Eigenschaften eines Kriegers reflektieren; wie stark sind bei Ihnen diese Qualitäten bisher ausgeprägt?
Auch für einen Jäger gibt es Zeiten der aktiven Jagd und Zeiten der Entspannung. Sie sollten sich nur dann aktiv auf die Jagd begeben, wenn Sie genügend persönliche Kraft in sich spüren, und sich zurückziehen, wenn Sie sich einer möglichen Begegnung nicht gewachsen fühlen. Lassen Sie die Entscheidungen kommen, und treffen Sie sie nie unter Zwang.
Nehmen wir einmal an, Sie fühlen sich jetzt bereit, mit der Jagd zu beginnen. Wenn Sie entsprechend vorbereitet sind, sollte die eigentliche Jagd selbst ohne Anstrengungen ablau-

fen, sollte aufregend sein und Freude machen, ohne in Ihnen Angst zu erzeugen. Dies ist der Grund, weshalb ich immer wieder die Notwendigkeit einer guten Vorbereitung betone. Die tatsächliche Begegnung geschieht dann von selbst, wenn Sie wirklich bereit sind.

Eine solche Begegnung können Sie nicht erzwingen, weil Sie die Position des anderen, den Sie treffen werden, in Zeit und Raum nicht beeinflussen können. Natürlich können Sie aktiv nach jemandem suchen, der Ihrem Idealbild von dem Menschen, den Sie treffen möchten, zu entsprechen scheint. Sie können diese Person mit ausgeklügelten Lügen, mit Versprechungen und Geschenken vielleicht sogar manipulieren. Aber ist es das, was Sie im Inneren wirklich wollen?
So, Sie fühlen sich jetzt also bereit zum Handeln. Wirklich? Mit folgendem Spiel können Sie Ihre innere Bereitschaft testen.

Suchen und Finden

Statt sofort auf die Jagd zu gehen mit dem kühnen Ziel, einem Menschen, mit dem Sie eine Partnerschaft eingehen können, zu finden, sollten Sie Ihre Jagdfähigkeit zunächst an einer kleineren Herausforderung testen.
Halten Sie einen Augenblick inne und reflektieren Sie darüber, welches Bedürfnis Sie in diesem Moment spüren. Vielleicht haben Sie auf irgend etwas Gutes Appetit und brauchen nur das nächste Restaurant anzusteuern. Wenden Sie die Grundtechniken des Suchens und Jagens jetzt auf dieses gewünschte Objekt an. Beginnen Sie damit, einen Moment lang über das gewünschte Objekt zu reflektieren, bis Sie direkt das körperliche Verlangen danach empfinden. Spüren Sie dieses Verlangen als Energie, die Sie in Handlung umsetzen können.
Dann machen Sie kurz die Übung der persönlichen Anziehungskraft; fühlen Sie die tatsächliche Gegenwart dieses Objektes, das jetzt bereits irgendwo da draußen vorhanden ist und gleichzeitig mit Ihnen auf diesem Planeten existiert? Er-

füllt es Sie nicht mit einem wundervollen Gefühl der Zuversicht, daß dieses Objekt in diesem Moment an einem Ihnen noch unbekannten, aber bestimmten Ort vorhanden ist, und daß Sie es irgendwann in der Zukunft finden – und essen werden!? Vielleicht scheint es Ihnen zunächst etwas lächerlich, Ihre Jagdfähigkeiten an einem Stück Schokolade, einer Orange oder einer Scheibe Schinken auszuprobieren. Aber beobachten Sie, was passiert, wenn Sie dieses Verlangen in Handlung umsetzen. Sind Sie bereit, nach dem gewünschten Leckerbissen auf die Jagd zu gehen? Ist die Zeit dafür richtig? Sind Sie gelassen und in Kontakt mit Ihrem inneren Zentrum? Fühlen Sie sich gut in Ihrem Körper, und sind Sie bereit zum Handeln?

Wenn ja, lassen Sie sich von der Energie Ihrer persönlichen Stärke hinaustragen in die Außenwelt, aber beobachten Sie, ob Sie in der Gegenwart bleiben können, während Sie auf dem Wege zu dem Restaurant sind. Wenn Sie nicht in der Gegenwart bleiben können, während Sie nach einer Portion Eiscreme suchen, ist es sehr wahrscheinlich, daß Sie es auch dann nicht können, wenn Sie nach einem Lebenspartner suchen.

Nun kommt der Moment der Begegnung – Sie nähern sich dem gewünschten Leckerbissen und damit dem Höhepunkt der Suche. Was geschieht mit Ihrem Bewußtsein? Können Sie dabei ruhig und gelassen bleiben? Ist Ihre eigene Gegenwart noch das Wichtigste, oder bestimmt das Verlangen nach dem Eisbecher Ihr Bewußtsein und nicht Ihre eigene Person? Wenn Sie das gewünschte Objekt dann endlich vor Augen haben, achten Sie darauf, wie Sie es anblicken. Dies kann Ihnen tiefe Einsichten über sich selbst und Ihre Gewohnheiten vermitteln.

Ich möchte Sie dazu ermuntern, dieses Jagdspiel so häufig wie möglich zu spielen, auf alle Fälle einige Male, bevor Sie sich auf die Jagd nach Ihrer großen Herausforderung begeben.

Wir alle sind fast ständig, Tag für Tag, nach irgend etwas auf der Jagd! Aber meist läuft diese Jagd völlig unbewußt ab, ebenso unbewußt wie unsere Suche nach neuen Freunden. Tatsächlich aber können wir unser Leben in allen Bereichen verbessern, wenn wir diese Jagdtechniken auf alles anwenden, was wir brauchen.

Die Jagd auf einen bekannten Freund

Was passiert, wenn Sie diese Jagdtechniken auf jemanden anwenden, den Sie bereits kennen? Zunächst einmal sollten Sie warten, bis Sie wirklich den Wunsch verspüren, einen bestimmten Menschen zu sehen. Werden Sie sich als erstes dieses Wunsches bewußt, und reflektieren Sie über das körperliche Gefühl, das Sie dabei empfinden. Lernen Sie die Natur dieses Gefühls kennen. Wie wirkt sich Ihr Wunsch, sich mit einem bestimmten Freund zu treffen, auf Ihre Atmung aus? Welche Gedanken kommen Ihnen dabei? Welche Gefühle steigen in Ihnen auf? Allzuoft handeln wir aus einer impulsiven Reaktion auf die verschiedensten Bedürfnisse und Sehnsüchte heraus, ohne dabei je innezuhalten und uns erst einmal überhaupt bewußt zu werden, was wirklich die eigentlichen Motive für unsere Handlungen sind.

Werden Sie sich dieser Motivation bewußt, indem Sie Ihre Jagdtechniken auf einen Freund anwenden. Nachdem Sie Ihr Verlangen, den Freund zu sehen, bewußt gespürt haben, gehen Sie die Liste der acht Grundbedürfnisse aus Kapitel eins (Seite 22 f) durch und klären Sie, welches der Bedürfnisse Ihr Freund erfüllen soll. Was erwarten Sie wirklich von dieser Person? Welche Erinnerungen beeinflussen Ihren Wunsch, diesen Menschen zu sehen? Beobachten Sie sich beim Beantworten dieser Fragen, ohne sich zu beurteilen; stellen Sie nur

fest, welche Bedürfnisse Sie wirklich haben, die Ihrer Meinung nach Ihr Freund erfüllen sollte.
Dann stehen Sie auf und absolvieren die Bewegungsübungen (ab Seite 69), die Ihre persönliche Stärke erhöhen. Wenn Sie bis zur Übung zur persönlichen Anziehungskraft gekommen sind, halten Sie inne und stellen Sie fest, ob Sie die Gegenwart Ihres Freundes auf diesem Planeten erspüren können. Handeln Sie nicht, bevor Sie nicht sein Vorhandensein spüren. Seien Sie geduldig, erweitern Sie Ihr Bewußtsein, und stellen Sie fest, was Sie wirklich empfinden bei der Vorstellung, den Raum mit diesem Menschen zu teilen. Vielleicht stellen Sie jetzt fest, daß Sie gar nicht wirklich eine Begegnung mit ihm wünschen; vielleicht war der Wunsch, diese Person zu sehen, gar nicht aus Ihren gegenwärtigen Bedürfnissen heraus entstanden, sondern hatte etwas mit der Erinnerung an vergangene gemeinsame Erlebnisse zu tun.
Stellen Sie also fest, ob Sie sich wirklich wohlfühlen bei der Vorstellung, mit diesem Menschen in einem Raum zu sein, und wenn ja, lassen Sie Ihren Körper handeln. Beobachten Sie, während Sie sich Ihrer Atmung bewußt sind, welche Gedanken in Ihnen jetzt aufsteigen, was die Suche nach Ihrem Freund betrifft. Sollen Sie nach dem Telefon greifen, oder möchten Sie sich lieber zu Fuß auf den Weg zu ihm machen, oder würden Sie am liebsten ins Auto steigen und zu seinem Stammlokal fahren? Fangen Sie jetzt an, machen Sie sich aktiv auf die Suche nach diesem Freund. Spüren Sie die freudige Erwartung, aber bleiben Sie in der Gegenwart, obwohl Sie das Gefühl des Jagens genießen, das Gefühl Ihrer persönlichen Kraft, das instinktiv in einem Menschen aufsteigt, der auf der Jagd ist. Der Jagdinstinkt ist tief in uns verwurzelt, und wir können ihn jederzeit erwecken und für uns nutzen.

Die Jagd nach dem Unbekannten

Nach jemandem zu jagen, den Sie bereits kennen, ist verhältnismäßig einfach, verglichen mit der Jagd nach einem Menschen, dem Sie noch nie begegnet sind. Wenn Sie den Menschen, nach dem Sie suchen, kennen, können Sie vermuten, wann er sich wahrscheinlich wo aufhalten wird. Sie kennen seine Lieblingsplätze, seine Gewohnheiten.
Irgendwann aber werden Sie sich auf die Jagd nach Ihrem unbekannten, neuen Freund begeben. Sie haben nicht die mindeste Ahnung, wo auf diesem Planeten dieser Mensch jetzt ist oder wann er wo sein wird. Alles, was Sie haben, ist eine bestimmte Zuversicht, daß Sie sich dieser Person nähern, und daß sie sich zu einer bestimmten Zeit begegnen werden.
Sie haben jetzt zwei Möglichkeiten. Sie können bleiben, wo Sie sind, und darauf warten, daß diese Person Sie findet, oder Sie können hinausgehen und aktiv nach ihr suchen. Meist wechseln sich beide Parteien in beiden Rollen ab. Manchmal wartet die eine Person, während die andere aktiv sucht. Manchmal sind beide in Bewegung. Und dann wieder gibt es Zeiten, in denen beide abwarten, sich ausruhen.
Gleichgültig, ob Sie im Moment handeln oder warten; wichtig ist nur, daß Sie sich ständig bewußt sind, auf der Suche nach Ihrem Partner zu sein – die Jagd hat begonnen, und Sie haben die Herausforderung angenommen, jederzeit bereit zu sein für den Moment der Begegnung.
Ihre Herausforderung besteht jetzt darin, daß Sie nicht wissen, wonach Sie Ausschau halten sollen in Beziehung auf visuelle oder auditive Eindrücke. Sie müssen Ihre Augen für eine subtilere Art des Sehens einsetzen (siehe auch Seite 107f), die anders ist als das gewohnte Erkennen und Beurteilen bereits bekannter Objekte. Sie müssen mit dem ganzen Körper «sehen», die Persönlichkeit eines unbekannten Menschen

«erfühlen». Sie müssen ein Gefühl dafür bekommen, ob dieser oder jener Ihr unbekannter, neuer Freund sein könnte. Dabei spielt es keine Rolle, ob Sie «ihn» sofort erkennen oder erst eine gewisse Zeit nach dem Kennenlernen. Wichtig ist nur, daß Sie sich sensibilisieren für diese Art des Erkennens.
Natürlich werden Sie stark berührt sein, und Ihre Atmung wird sofort reagieren, wenn Sie jemandem begegnen, der der Gesuchte sein könnte. Dieser Schock des Erkennens kann wie jede plötzliche Begegnung Angstreaktionen auslösen. Sie begegnen einem Menschen, der Ihr ganzes Leben vollkommen verändern könnte, und mit dieser Erkenntnis ist immer die Angst vor etwas Unbekanntem verbunden. Wir wünschen uns zwar eine Veränderung, wir wollen, daß jemand in unser Leben eintritt und unsere tieferen Bedürfnisse erfüllt, aber wir haben von Natur aus auch Angst vor einer solchen Veränderung, weil wir nicht wissen, was genau geschehen wird. Angst ist eine sehr normale und natürliche menschliche Eigenschaft. Wir möchten einerseits, daß unser Leben konstant, sicher, vorhersehbar, berechenbar ist, und sehnen uns andererseits nach plötzlichen Veränderungen, nach Überraschungen; wir wünschen uns, daß etwas Neues, Unbekanntes in unser Leben tritt und uns vollkommen verändert. Diesen Konflikt zu erkennen und zu akzeptieren, wird Ihnen helfen, den Schock des Erkennens im Moment der Begegnung leichter überwinden zu können.

Der Schock des Erkennens

Was passiert, wenn ein Mensch nach einem Objekt, das für ihn sehr wichtig ist, sucht – etwa einem seltenen Meißener Teller – und es dann plötzlich vor sich sieht? Angst steigt in ihm auf, er würde es, nachdem er es endlich gefunden hat,

vielleicht nicht bekommen. Diese Angst bewirkt, daß er völlig sein inneres Zentrum verliert.
Ein gut vorbereiteter Jäger aber wird, wenn er das gesuchte Objekt vor sich sieht, versuchen, sofort innerlich Abstand von dem Geschehen zu gewinnen, um seine volle persönliche Kraft wiedergewinnen und einsetzen zu können. Ähnlich ist es, wenn Sie plötzlich einem Menschen begegnen, der Sie tief beeindruckt; Sie sollten Ihre Aufmerksamkeit sofort auf Ihre Atmung richten, damit die Angst nicht von Ihnen Besitz ergreifen kann. Dann können Sie Ihr Bewußtsein auf Ihren ganzen Körper ausweiten und dann auf den Raum, den Sie mit Ihrem Gegenüber teilen. Nun haben Sie Augenkontakt. Sie können die Gefühle beobachten, die in Ihnen aufsteigen. Sie können durch Sprechen, durch Ihre Körperbewegungen reagieren. Sobald Sie aber bemerken, daß Sie unsicher werden, ziehen Sie sich sofort aus der Situation zurück. Sonst würden Sie sehr wahrscheinlich Ihr ersehntes «Gut» verlieren. Deshalb konzentrieren Sie sich auf Ihre eigene Person, bis Sie stark genug sind, sich wieder Ihrem «Ziel» zuzuwenden.
Und noch etwas sollten Sie in dieser Situation beherzigen: Es gibt immer auch die Möglichkeit, *nein* zu sagen. Während Ihrer Suche werden Sie mehr als einmal jemandem in die Augen sehen und spüren, daß zwischen Ihnen beiden eine Anziehung besteht. In vielen Fällen wird dies aber trotzdem nicht die Person sein, nach der Sie suchen. Vielleicht entspricht Ihr Gegenüber nur gerade dem äußerlichen Idealbild, das Sie unbewußt doch immer noch mit sich herumtragen, ist aber keineswegs mit der Person identisch, die Sie eigentlich suchen. Versuchen Sie wirklich ernsthaft, sich von Ihren alten Sehgewohnheiten zu lösen und gehen Sie statt dessen dazu über, «mit dem ganzen Körper zu sehen». Sie werden erstaunt sein, wie anders Ihre Mitmenschen auf Ihren Blick reagieren, wenn Sie sie als «ganze Persönlichkeit» betrachten

und in sich aufnehmen, statt sie daraufhin zu betrachten und abzuschätzen, inwieweit sie Ihren idealen Vorstellungsbildern entsprechen. Niemand mag es, so taxierend angesehen zu werden. Sobald Sie aber beginnen, mit wirklich klarem Blick jemanden als den zu erkennen, der er wirklich ist, nämlich ein einzigartiges, individuelles, menschliches Wesen, werden Sie feststellen, daß Ihre Blicke häufiger offen zurückgegeben werden. Menschen kommen auf Sie zu, um zu prüfen, ob Sie vielleicht der richtige Partner sein könnten.

Sie werden gejagt

Sie suchen jemanden. Sie blicken in Augen, hören Stimmen zu und warten auf ein Gefühl des Erkennens tief in Ihrem Inneren, während Sie die Leute um sich herum betrachten. Andere suchen auch. Es sind viele Jäger unterwegs. Einige von ihnen jagen aus den gleichen Gründen wie Sie, viele aus ganz anderen Gründen. Einige suchen eine schnelle sexuelle Eroberung. Andere suchen jemanden, dem sie Geld abnehmen können. Manche sind sich überhaupt nicht im klaren, was sie eigentlich finden wollen und suchen verzweifelt und blind herum.
Sie können manchmal an dem Blick der Menschen bereits erkennen, auf welcher Art Jagd sie sich befinden. Falls Sie darin nicht geübt sind, falls Sie Ihr Leben lang Augenkontakt nach Möglichkeit vermieden haben, um dadurch den hungrigen Jägern zu entgehen, ist es jetzt an der Zeit, daß Sie diesen Blicken begegnen lernen. Nur so können Sie ein vollständiges Bild der Welt bekommen, die schließlich auch Ihr Revier ist. Aber achten Sie immer darauf, daß Sie, wenn Sie einen Blick erwidern, Ihr inneres Zentrum halten, denn nur so können Sie unerwünschten Blicken standhalten und Ihre persönliche

Kraft dagegensetzen. Blicken Sie jedes neue Gegenüber an, stellen Sie fest, ob dieser Mensch etwas für Sie Positives ausstrahlt, und falls nicht, wenden Sie sich ab und einem neuen Gegenüber zu.

Nehmen wir einmal an, Sie sind ein guter Jäger geworden; Sie sind stark und halten Ihr inneres Zentrum. Lassen Sie uns nun einmal die andere Seite der Jagd betrachten. Sind Sie auch bereit, sich selbst suchen und finden zu lassen? Ist Ihnen die Vorstellung angenehm, daß ein anderer Sie jagt und findet, Sie erkennt und sich Ihnen aktiv nähert?

Haben Sie Angst, gejagt zu werden?

Voraussetzung für eine erfolgreiche Jagd ist, daß beide Partner, beide Beteiligten auf der Suche sind. Wenn Sie Angst davor haben, gejagt und gefunden zu werden, sind Sie nicht wirklich offen für eine Begegnung. Reflektieren Sie über Ihre vergangenen Erfahrungen und Ihre gewohnheitsmäßigen Verhaltensmuster in dieser Hinsicht. Spielen Sie stets die Rolle des Verführers, der immer die Kontrolle behält und sich niemals hingibt? Oder sind Sie stets der Untergebene, das Opfer, das den anderen zwingt, die Initiative zu ergreifen, damit überhaupt ein Kontakt zustandekommt? In beiden Fällen wenden Sie ein Verhaltensmuster an, das nicht zu einer Partnerschaft, sondern in die Einsamkeit führt.

Der wundervolle Kampf

Wenn sich zwei Menschen begegnen und einander sympathisch sind, beginnt immer ein Kampf; und nur, wenn beide Partner gleich stark sind, führt dieser Kampf zu einer befriedigenden Beziehung. Sie werden beginnen, gegenseitig die Stärken und Schwächen herauszufinden. Jeder möchte feststellen, ob der andere stark genug ist, sich nicht unterdrücken zu lassen, aber auch ausreichend sensibel ist, nicht selbst ständig dominieren zu wollen. Dieser Kampf, dieses einander testen geht auf verschiedenen Ebenen vor sich, auf sexueller, physischer, emotionaler, intellektueller Ebene; es ist nötig, um Neigungen und Abneigungen, Gewohnheiten und Vorlieben herauszufinden.

Sie können sich viel Schmerz, Tränen und Zeit sparen, wenn Sie von Anfang an ehrlich sind. Die meisten von uns möchten der Außenwelt stets ein möglichst positives Bild von sich präsentieren. Wir verstecken unsere «schlechten Seiten» und kehren die «guten Seiten» hervor, um von unseren Mitmenschen akzeptiert zu werden. Wenn Sie diese Taktik auch nach der wichtigen Begegnung beibehalten, baut sich die Beziehung auf falschen Prämissen auf. Und natürlich zerbricht diese Illusion dann irgendwann – und die Partnerschaft mit ihr.

Ehrlichkeit von Anfang an

Versuchen Sie also von Anfang an, sich Ihrem Gegenüber nicht als eine Person darzustellen, die Sie nicht sind. Blicken Sie Ihrem neuen Partner offen in die Augen und helfen Sie ihm dabei, ein Gespür dafür zu bekommen, wer Sie wirklich sind. Wenn Sie miteinander sprechen, beobachten Sie sich, ob Sie etwa versuchen, dem anderen zu imponieren, oder ob Sie aus einer begründeten Selbstsicherheit heraus sprechen. In der Tradition der amerikanischen Indianer liegt die größte Gefahr für einen Krieger in einer «Selbst-Sicherheit», die in Wirklichkeit nur dazu dient, die eigenen Schwächen auch vor sich selbst zu verdecken. Wenn Sie von sich selbst ein Bild haben, das Ihrem eigenen Inneren nicht entspricht, werden Sie sich selbst Probleme schaffen. Wenn Sie jemandem die Illusion vermitteln, Sie seien besser (oder schlechter), als Sie

es wirklich sind, wird diese Illusion wahrscheinlich Ihre Beziehung früher oder später ruinieren.
Ihre Mitmenschen spüren schnell, ob Sie «aufgeblasen» sind oder wirklich so großartig, wie Sie es von sich behaupten, und wenden sich von einem «Wichtigtuer» sehr schnell wieder ab. Wenn Sie das Gefühl haben, überlegen wirken zu müssen, so ist das mit Sicherheit ein Beweis dafür, daß Sie sich eigentlich unterlegen fühlen. Stellen Sie fest, ob dies auf Sie zutrifft. Wenn ja, so beobachten und akzeptieren Sie es. Durch die Selbstbeobachtung dieses Verhaltensmusters werden Sie sich natürlicherweise nach und nach von selbst zu ändern beginnen.

Dominanz oder Gleichwertigkeit

Sie werden vielleicht bemerkt haben, daß ich Ihnen im gesamten bisherigen Text nicht einen einzigen «Tip» gegeben habe, wie man am besten Frauen anspricht oder wie man den gutaussehenden Mann dort drüben dazu veranlaßt, sich mit einem zu verabreden. Solche Bücher gibt es; aber das, womit wir uns hier beschäftigen, hat nichts damit zu tun.
Stellen Sie sich folgende Situation vor: Zwei Menschen sind sich gerade zum erstenmal begegnet. Beide spüren sofort, daß sie am anderen interessiert sind. Aber beide sind ein wenig schüchtern und haben Angst davor, die Initiative zu ergreifen und den ersten Schritt zu tun. Traditionellerweise müßte jetzt der Mann ein paar Floskeln kennen, mit denen er eine Unterhaltung beginnen kann. Damit kann er seine Schüchternheit überspielen und der Frau den Eindruck vermitteln, er sei ein erfahrener und selbstsicherer Mann, der jede soziale Situation mit Leichtigkeit im Griff habe. Falls die Frau geschickt und in solchen Situationen geübt ist, wird sie auf seine Bemerkung eine Erwiderung bereit haben; und beide können auf diese

Weise ein oberflächliches Gespräch führen, das der Beginn einer wie auch immer gearteten Beziehung sein kann, die wahrscheinlich ebenso oberflächlich wie der Gesprächsbeginn bleiben wird.
Überlegen Sie dagegen, was geschehen würde, wenn beide vor ihrer Begegnung die beschriebenen vorbereitenden Übungen gemacht hätten. Sie würden sich einen Moment lang in die Augen sehen und sofort die Anziehungskraft des anderen und das eigene Interesse am anderen spüren und wissen, daß ein gewisser Kontakt zwischen ihnen bereits besteht. Dann würden sich beide auf ihre eigene Atmung konzentrieren, ihr inneres Zentrum erspüren und sich entspannen in dem Gefühl, völlig in der Gegenwart zu sein. In diesem Zustand können beide den anderen sehr bewußt wahrnehmen. Sie können erspüren, wie der andere sich fühlt. Wenn sie sich dann noch einmal in die Augen blicken, werden sie beim anderen ein ehrliches Interesse an der eigenen Person feststellen können.
An diesem Punkt ist es wirklich nicht nötig, das Gespräch mit einer oberflächlichen Floskel zu beginnen. Sie können das Interesse in den Augen des anderen sehen; und sie wissen, daß der andere sich nicht im nächsten Augenblick umdrehen und einfach weggehen wird. Beide können so auch erkennen, daß der andere innerlich stark ist, trotz der anfänglichen Schüchternheit. Mit Krishnamurti zum Beispiel, einem der besten Lehrer auf dem Gebiet zwischenmenschlicher Beziehungen, möchte ich Sie sogar dazu ermutigen, sich zu der eigenen Schüchternheit zu bekennen und sie offen zu zeigen, da diese Eigenschaft ein Hinweis darauf ist, daß Ihr Inneres lebendig und sensibel ist. Ihr Gegenüber Ihre direkte, ehrliche und spontane Reaktion auf die Begegnung erkennen zu lassen, ist das größte Geschenk, das Sie ihm machen können.
Menschen, die bereits im ersten Moment der Begegnung ver-

suchen, die Situation zu manipulieren, den anderen zu verführen und in ihrem Sinne zu dominieren, sind Menschen, die grundsätzlich Angst davor haben, sich gehenzulassen und sich hinzugeben. Sie müssen jederzeit die Kontrolle über die Situation haben, weil sie Angst haben vor dem, was passiert, wenn sie diese Kontrolle verlieren. Und dabei könnte das eine ganz wichtige Erfahrung für sie sein.

Vertrauen

Als Psychologe sollte ich eigentlich keine «esoterischen Bereiche» in meine Arbeit miteinbeziehen. Aber ich bin zunächst einmal einfach Mensch und erst in zweiter Linie Psychologe, und mir scheint es wichtig, an dieser Stelle ein paar Worte über meine persönlichen Beobachtungen zwischenmenschlicher Beziehungen zu sagen. Bei fast allen guten Beziehungen, die ich untersucht habe, haben beide Partner übereinstimmend folgendes ausgesagt: sie hätten den festen Eindruck gewonnen, daß es ihnen bestimmt war, sich zu begegnen; sie bezeichneten die Begegnung als schicksalhaft, die durch nichts hätte verhindert werden können.

Wir erkennen zwei grundverschiedene Lebenseinstellungen: Es gibt Menschen, die dem Schicksal nicht vertrauen, die meinen, ihm alles abringen zu müssen, sich alles erkämpfen zu müssen, was sie brauchen; und es gibt die Menschen, die dem Schicksal vertrauen, die zwar auch durchaus aktiv am Leben teilnehmen, gleichzeitig aber das, was sie erhalten, als Geschenk dankbar annehmen, anstatt das, was sie besitzen, als etwas zu betrachten, was sie aus eigener Kraft dem Leben abgetrotzt und sich erkämpft haben.

Die Partner der meisten guten Beziehungen, die ich kenne, meinten, daß ihr Partner ihnen als Geschenk gegeben worden wäre und daß sie dem Schicksal, den Kräften oder wie immer man das nennen will, dankbar seien. Ich habe niemals einen Menschen in einer liebevollen Beziehung kennengelernt, der der Meinung war, er hätte seinen Partner aus eigener Kraft dazu gebracht, ihn zu lieben. Wie ist das bei Ihnen? Fühlen Sie sich vom Schicksal versorgt mit dem, was Sie zum Leben brauchen, oder haben Sie den Eindruck, dem Leben das abringen zu müssen, was Sie brauchen? Nehmen Sie dankbar an, was Ihnen gegeben wird, oder hadern Sie mit dem Schicksal, wenn Sie etwas nicht erreichen?

Natürlich werde ich Ihnen nicht vorschlagen, sich zu Hause getrost in Ihrem Sessel zurückzulehnen in der Erwartung, daß das Schicksal Ihren neuen Freund schon vorbeischicken wird. Ebensowenig würde ich Ihnen raten, einfach loszugehen und sich das zu nehmen, was Sie zur Befriedigung Ihrer Bedürfnisse brauchen. Wenn Sie versuchen, der Welt Ihren Willen aufzuzwingen, um auf jede nur mögliche Art zu bekommen, was Sie wollen, wird Ihr Weg, soweit es zwischenmenschliche Beziehungen angeht, unvermeidlich in die Einsamkeit führen. Falls Sie in der Vergangenheit versucht haben, Beziehungen zu erzwingen, sollten Sie jetzt innerlich eine Kehrtwendung um 180° machen. Beobachten Sie aufmerksam, wann Sie wieder in die Gewohnheit des Manipulierens zurückfallen; nehmen Sie sich wieder und wieder die ersten Schritte der Vorbereitung vor, bis Sie sich bereit fühlen, hinauszugehen und die Suche in unserem Sinne zu beginnen: nämlich aktiv nach dem zu suchen, was Sie brauchen, um es dann als Geschenk anzunehmen.

Geben Sie sich Zeit

Wenn Sie Ihre Jagd beginnen, dann seien Sie wählerisch und greifen Sie nicht zu bereitwillig sofort nach der ersten Gelegenheit, die sich Ihnen bietet. Wenn Sie fühlen, daß sich jetzt viele Dinge in Ihrem Leben verändern, daß sich überall neue Gelegenheiten und Möglichkeiten bieten, daß mehr und mehr neue Menschen in Ihr Leben treten, lassen Sie sich von diesem Fluß der Geschehnisse nicht gleich völlig mitreißen; halten Sie immer wieder inne, für einen Moment, einen Tag, eine Woche. Ziehen Sie sich von den Geschehnissen der Außenwelt zurück, versuchen Sie nicht, irgend etwas zwanghaft bewirken zu wollen. Und nachdem ein Tag oder eine Woche vergangen sind, tauchen Sie wieder auf und orientieren Sie sich neu, wer denn von Ihren neuen Bekannten noch Kontakt zu Ihnen hält und an Ihnen interessiert ist.

Auf diese Weise können Sie herausfinden, wer wie selbstverständlich in Ihrer Nähe bleibt und zu Ihnen hält. Wenn Sie meinen, einem neuen, möglichen Partner begegnet zu sein und nach ein paar Tagen Zurückgezogenheit feststellen, daß er bereits wieder von der Bildfläche verschwunden ist, dann haben Sie über diesen Menschen etwas gelernt, das Sie gar nicht früh genug herausfinden können!

Wenn Sie eine neue Beziehung aufnehmen wollen, dann bestehen Sie darauf, gerade in den ersten Tagen und Wochen, sich zwischendurch immer wieder zurückzuziehen und mit sich allein zu sein. Bewahren Sie sich Ihren persönlichen Freiraum. Reflektieren Sie immer wieder über Ihre neue Situation, erspüren Sie, ob Ihr inneres Zentrum noch intakt ist, unabhängig von Ihrem neuen Freund oder Partner. Wenn Sie dies nicht tun, laufen Sie Gefahr, das Bewußtsein Ihrer eigenen Persönlichkeit, Ihrer eigenen Gegenwart zu verlieren und nur noch als Teil dieser Beziehung zu existieren, was dazu führt, daß Sie schließlich von dieser Beziehung völlig abhängig sind.

Sprechen Sie darüber mit Ihrem neuen Freund, seien Sie von Beginn an ehrlich in diesen wichtigen Dingen; auch ein mögliches Ende Ihrer Beziehung wird dann wesentlich weniger traumatisch ablaufen.

Bisher haben wir ausführlich über Ihre Suche nach einem Ihnen bisher unbekannten Menschen gesprochen. Vielleicht aber ist der «neue» Freund, nach dem Sie suchen, jemand, den Sie bereits kennen. Statt sich von jemandem angezogen zu fühlen, der Ihnen völlig unbekannt ist, kann es ebenso geschehen, daß Sie jemanden, den Sie bereits kennen, plötzlich in einem völlig anderen Licht sehen und er ab sofort für Sie sehr interessant ist.

Wir haben uns ja bereits ausführlich mit Wahrnehmungsgewohnheiten beschäftigt. Dies war für die meisten von uns deshalb so wichtig, weil diese meist anerzogenen Gewohnheiten unsere Fähigkeit stark behindern, wirklich zu sehen und zu erkennen. Wir nehmen die Menschen, die wir kennen, meist so wahr, wie wir sie zu sehen erwarten, d. h. wie wir sie in Erinnerung haben. An diesem Bild, das wir uns einmal von der betreffenden Person gemacht haben, halten wir fest und sind daher nicht fähig zu bemerken, daß die Person sich inzwischen verändert, sich entwickelt hat – vielleicht zu genau dem Menschen, nach dem wir suchen, der fähig ist, unsere gegenwärtigen Bedürfnisse zu erfüllen. Auch dies habe ich schon häufig beobachtet – zwei Menschen kennen sich bereits seit Monaten oder Jahren; sie arbeiten zusammen, sie verbringen einen Teil ihrer Freizeit zusammen; sie kennen sich «als Kollegen» oder «als Freizeitpartner», und sie grenzen die Definition ihrer Beziehung auf diesen Bereich ein.

Eines Tages plötzlich blicken sie einander an und sehen sich in einem völlig anderen Licht. Ihre Wahrnehmung erweitert sich, und beide haben das Gefühl, als würden sie sich zum erstenmal sehen. Und schon hat die Begegnung, die sie sich ersehnten, stattgefunden, und der neue Partner ist da!

Kapitel neun

Gute Beziehungen

Sie haben Ihre Jagd erfolgreich beendet und den Partner gefunden, den Sie suchten. Was nun?
Die Beantwortung der Frage, wie man eine erfolgreiche Beziehung führt, würde allein ein ganzes Buch füllen. Ich kann Ihnen deshalb nur ein paar Hinweise geben, wie Sie die Techniken zur Vorbereitung der Suche auch in einer bestehenden Beziehung anwenden können.
Wir haben zwei Möglichkeiten, wenn wir eine neue Freundschaft oder Partnerschaft beginnen. Wir können entweder unbewußt in die soziale Rolle schlüpfen, die die kulturelle Erziehung uns für diese oder jene Art von Beziehung zugedacht hat, oder wir können versuchen und immer wieder darum kämpfen, uns der Einzigartigkeit dieser neuen Beziehung bewußt zu bleiben.
Dabei helfen Ihnen die gleichen Übungen und Meditationen, die Sie als «Jagdtechnik» schon kennengelernt haben; denn

natürlich ist es auch, nachdem Sie Ihren Partner gefunden haben, notwendig, daß Sie Ihr inneres Zentrum halten und sich auch weiterhin Ihrer persönlichen Kraft bewußt sind.
Was passiert, wenn zwei Menschen zusammen leben und Zeit und Raum miteinander teilen?

Nähe und Abstand

Manche Menschen möchten, wenn sie ihren idealen Partner endlich gefunden haben, ständig, Tag und Nacht, mit ihm zusammensein. Wie fühlen Sie sich bei diesem Gedanken? Wie denken Sie über Ihre eigene, persönliche Freiheit? Möchten Sie in dieser neuen Beziehung völlig aufgehen, oder möchten Sie etwas Raum für sich selbst behalten, sich einen Bereich reservieren, der Ihnen ganz allein gehört?
Haben Sie Angst, daß, wenn Sie etwas Raum für sich selbst beanspruchen, Sie Ihren neuen Freund wieder verlieren könnten? Sprechen Sie mit Ihrem Partner darüber, und fragen Sie ihn auch, ob und wieviel Raum er für sich selbst braucht. Offenheit ist in diesem Zusammenhang das A und O. Wenn sich in Ihnen Fragen regen, die Sie Ihrem Freund nicht zu stellen wagen, dann nehmen Sie diese Angst einmal genauer in Augenschein. Diese Angst ist ein Gift, das Ihre Beziehung zerstören kann, wenn Sie sich nicht mit ihr auseinandersetzen.
Traditionsgemäß sind wir dazu erzogen worden, in der Gemeinschaft mit einem Lebenspartner völlig aufzugehen. Auch das biblische Vorbild besagt, daß zwei Menschen zusammenkommen und eins werden. In vielen Köpfen und Herzen besteht diese Phantasievorstellung als romantischer Traum einer Zweisamkeit, bei der zwei Menschen durch Verschmelzung miteinander ihrer Einsamkeit entrinnen. Was

aber geschieht, wenn Sie diese romantische Vorstellung in eine lebendige Partnerschaft umzusetzen versuchen?

Ihr Leben, Ihre Kindheit begann in einer totalen Zweisamkeit, zuerst im Leib Ihrer Mutter, dann ständig in ihrer Nähe, und Schritt für Schritt wurden Sie in den darauffolgenden Jahren aus dieser Zweisamkeit hinausgestoßen in Ihre eigene Welt. Zuerst bekamen Sie Ihr eigenes Bett, dann vielleicht Ihr eigenes Zimmer. Sie haben diese Isolation nicht gewünscht; sie wurde Ihnen aufgezwungen. Dann aber, ein paar Jahre später, mit Beginn Ihrer Pubertät, erwachte mit dem sexuellen Verlangen in Ihnen der Wunsch, eine neue intime Zweisamkeit mit einem anderen Menschen einzugehen. Und sobald Sie jemanden gefunden hatten, mit dem Sie in totaler Vereinigung verschmelzen konnten, stieg in Ihnen das kindliche Besitzdenken wieder auf, das Sie in Ihrer frühesten Kindheit selbstverständlich auf Ihre Mutter bezogen hatten. Sie hatten endlich einen Ersatz für Ihre Mutter gefunden, und diesmal würden Sie alles daransetzen, sie nicht wieder zu verlieren.

Diese Situation hat zur Folge, daß in den meisten Fällen die Beziehung in die traditionelle Form der Ehe mündet. Kinder werden geboren, und es formt sich wieder eine Familie. Die alte Situation Ihrer frühen Kindheit ist damit wieder hergestellt, und Sie finden Ihre emotionale Sicherheit innerhalb dieser Familie.

Die Gefahr besteht dabei nur darin, daß Sie, je mehr Sie von der intimen Zweisamkeit mit Ihrem Partner abhängig sind, eine entsprechend starke Angst davor entwickeln, diesen Menschen wieder zu verlieren, ohne den Sie einsam und völlig hilflos wären. Außerdem haben Sie unter Umständen in einer sehr engen Beziehung nicht genügend Raum für Ihre eigene persönliche Entwicklung. Wenn Sie sich selbst und Ihrem Partner dagegen in der Beziehung genügend Raum zur eigenen, persönlichen Entfaltung lassen, vermindern Sie erheblich die Gefahr, daß Sie oder Ihr Partner nach Jahren ohne jegliche Entwicklung die Beziehung vielleicht völlig abbrechen müssen, um sich den nötigen Freiraum zur eigenen Entwicklung zu schaffen.

Die ersten Wochen und Monate einer Beziehung sind also von wesentlicher Bedeutung für deren späteren Verlauf. Wie also sollten Sie Ihre Beziehung am besten beginnen?

Sie müssen von Anfang an bewußt riskieren, den neuen Partner jederzeit wieder zu verlieren, und ihm, statt ihm nach dem Munde zu reden, offen und ehrlich von Ihren Bedürfnissen erzählen. Um dies tun zu können, müssen Sie sich allerdings immer bewußt sein, daß sich im Lauf der Zeit Ihre Bedürfnisse ändern werden. Sie müssen sich Ihren eigenen, persönlichen Raum bewahren, von Zeit zu Zeit auch einmal Abstand von Ihrem Partner nehmen, allein sein und darüber reflektieren, welche Bedürfnisse Sie zur Zeit haben und welche Ziele Sie in Ihrem Leben ansteuern wollen. Das gleiche gilt natürlich für Ihren Partner, denn es muß immer eine gegenseitige Klarheit zwischen Ihnen bestehen. Sie müssen bereit sein, das Risiko einzugehen, durch Ihre Ehrlichkeit Ihren Partner zu verlieren.

Andere Kontakte

Sie haben einen Menschen gefunden, der Ihre meisten Bedürfnisse und Sehnsüchte erfüllt. Konzentrieren Sie sich nun nur noch auf Ihren neuen Partner und lassen dafür Ihre alten Bekanntschaften und Freundschaften völlig fallen? Bei vielen neuen Beziehungen besteht hierin eine große Gefahr. Sie beide versuchen, füreinander alles zu sein, Sie versuchen, alle Bedürfnisse des Partners selbst zu erfüllen und erwarten von

ihm, daß auch er alle Ihre Bedürfnisse erfüllt. Das ist unmöglich.
Sind Sie bereit zuzugeben, daß Ihr Partner und Sie sich nicht gegenseitig alle Bedürfnisse erfüllen können? Sind Sie eifersüchtig, wenn Ihr neuer Partner seine alten Freunde treffen möchte und zusätzlich auch andere Beziehungen unterhält?
Kehren wir noch einmal zu Ihrer Beziehung zu Ihrer Mutter zurück. In den ersten Monaten Ihres Lebens erfüllte Ihre Mutter alle Ihre Grundbedürfnisse, und wenn Sie jetzt einen Menschen gefunden haben, zu dem Sie eine fast ebenso enge Beziehung haben wie damals zu Ihrer Mutter, erwarten Sie natürlich, daß dieser Mensch auch alle Ihre Bedürfnisse erfüllen kann. Aus dieser engen, besitzergreifenden Beziehung des Kindes zur Mutter heraus entsteht die Eifersucht. Sind Sie eifersüchtig? Versuchen Sie vielleicht deshalb, immer und überall mit Ihrem Partner zusammenzusein, weil Sie Angst haben, ihn zu verlieren, wenn Sie ihm die Möglichkeit geben, ohne Sie andere Menschen zu treffen und andere Beziehungen einzugehen?
Wenn Sie feststellen, daß Gefühle von Eifersucht und Besitzenwollen Ihre Partnerschaft trüben, so sollten Sie mit Ihrem Partner darüber sprechen und dabei völlig ehrlich sein, selbst wenn es Ihnen peinlich sein sollte. Jeder von uns, mich eingeschlossen, kennt diese Gefühle; die einzige Art und Weise, ein solches Problem anzugehen, ist, sich genau anzusehen, was einem Angst macht, sich der Gefahr zu stellen und sie dann zu überwinden.

Die Partnerschaft

Einander zu finden, war nicht die größte Herausforderung. Die größte Herausforderung ist, ehrlich und spontan miteinander umzugehen, sich immer wieder auf neue und sich verändernde Situationen einzustellen. Es gibt kein Rezept für eine gute Partnerschaft. Jede Beziehung ist in sich einzigartig, und jeder Moment in einer Beziehung ist anders und neu. Darin besteht die Herausforderung, die Kraft und Klarheit erfordert. Sind Sie fähig, Ihre persönliche Freiheit zu verteidigen? Ihre Bedürfnisse offen darzulegen? Sind Sie fähig, die Herausforderung anzunehmen, die alte, bekannte Beziehung ständig sterben und in jedem Moment eine immer wieder neue Beziehung entstehen zu lassen?

Denken Sie an die Beziehungen in Ihrer Vergangenheit. Welche Probleme gab es dabei? Machen Sie in Ihrer jetzigen Beziehung die gleichen Fehler? Möchten Sie die totale Zweisamkeit einschließlich des Verlustes Ihrer und der persönlichen Freiheit des anderen? Oder sind Sie bereit, die Herausforderung anzunehmen, sich von jetzt an auch in Ihrer neuen Beziehung Ihres eigenen, inneren Zentrums bewußt zu bleiben?

Sicherheit gegen Freiheit

Wir alle wünschen uns Sicherheit in einer Beziehung. Die Angst, den Partner wieder zu verlieren, lebt ständig in uns. Und sie bleibt auch dann, wenn wir uns so weit entwickelt haben, daß wir uns nicht mehr besitzergreifend an den Partner als Mutterersatz klammern müssen. Unser neuer Partner kann uns jederzeit verlassen, aus eigenem Antrieb, oder er kann sterben, und wir bleiben allein zurück. Es gibt keine Sicherheit. Und dennoch jagen wir diesem Phantasiebild der Sicherheit ständig nach. Die einzige Möglichkeit, um uns diesem Problem zu stellen, besteht in unserer persönlichen Stärke, in unserem ständigen Kontakt zu unserem inneren Zentrum. Dies ist das einzige, das uns niemand nehmen kann und das es uns erleichtern kann, einen Verlust zu ertragen. Wir müssen lernen, unabhängig von einer Beziehung, die wir zur Zeit haben mögen, unseren eigenen, ganz persönlichen und auch einsamen Weg zu gehen, unseren eigenen Lebensweg, der mit der absoluten Einsamkeit, unserem Tod, endet.
Wenn wir unser eigenes Ende, unseren Tod, akzeptieren können, sind wir auch fähig, das Ende einer Beziehung zu akzeptieren. Ein indianischer Krieger entwickelt eine besondere

Beziehung zu seinem eigenen Tod. Er lernt zu akzeptieren, daß sein Tod sein bester Freund und Ratgeber ist und nicht sein Feind. Indem er akzeptiert, daß jeder Augenblick seines Lebens der letzte sein könnte, lernt er, wie unschätzbar wichtig und wertvoll es ist, im Jetzt, in der Gegenwart zu leben. Die Zukunft wird vielleicht niemals kommen. Die Vergangenheit ist ohnehin etwas, das nicht mehr da ist. Was also bleibt?

Was bleibt, ist die Schönheit des Augenblicks, die Liebe, die uns immer wieder geschenkt wird und die uns genauso schnell, wie sie gekommen ist, auch wieder verlassen kann.

Kehren wir noch einmal zu den Wahrnehmungsübungen zurück. All unsere Sorgen darüber, daß der geliebte Mensch uns verlassen könnte, sind doch eigentlich nichts als Gedankenprojektionen in die Zukunft. Unsere Gedanken über die *Zukunft* erzeugen den emotionalen Druck in unserem Körper und beeinträchtigen damit unser gegenwärtiges Leben. Aber können denn all diese Gedanken, kann das Streben nach Sicherheit und Beständigkeit denn überhaupt irgend etwas nützen? Trotz all unserer Sorgen, trotz unserer Bitten, der Geliebte möge uns versprechen, uns niemals zu verlassen, – könnte er schon morgen von einem Auto überfahren werden, und das Ende wäre da.

Ich kann Ihnen also nur raten, sich Ihrer Atmung und Ihrem Körper zuzuwenden, dem Raum, der Sie unmittelbar umgibt – und die Gegenwart zu genießen!

Ihr Bild von Ihrem Partner

Ganz gleich, ob Ihr neuer Freund ein Tennispartner, Geschäftspartner, Ihr spiritueller Lehrer oder Ihr Liebhaber ist, wichtig ist, daß Sie sich bemühen, sich von dieser Person kein

«Bild» zu machen, das als geistige Vorstellung in Ihnen unverändert bleibt, auch wenn diese Person sich entwickelt und verändert. Wir neigen dazu, eine Vorstellung, ein Konzept zu entwickeln: uns zu sagen, «diese Person ist so und so», und wenn die betreffende Person sich dann ändert und unser Konzept nicht mehr der Wirklichkeit entspricht, steht es unserer Beziehung zu dieser Person im Weg. Wenn Sie diese Person nur «mit dem Kopf» ansehen, ein gedankliches Konzept entwickeln, werden Sie tatsächlich ein starres Bild von Ihrem Freund mit sich herumtragen. Wenn Sie ihn aber statt dessen regelmäßig «mit dem ganzen Körper» ansehen, werden Sie diesen Menschen als ein lebendiges, sich veränderndes Wesen begreifen.

Um das zu trainieren, können Sie mit Ihrem Partner die folgende Übung machen: Setzen Sie sich fünf Minuten lang ruhig einander gegenüber und sehen Sie sich an. Lassen Sie Ihr Gesicht sich entspannen, ausdruckslos werden, und erspüren Sie zunächst Ihre Atmung und Ihren Körper. Dann blicken Sie Ihren Partner «mit dem ganzen Körper» an, blicken Sie auf sein Gesicht als Ganzes, nicht auf Details wie Nase, Augen oder Mund. Blicken Sie Ihren Partner ununterbrochen an, während Sie sich dabei Ihrer Atmung bewußt bleiben. Sie werden bemerken, daß das Gesicht Ihres Freundes sich sehr bald zu verändern beginnt. Sie werden erleben, wie es sich nacheinander in andere Gesichter verwandeln wird, in eine monsterhafte Fratze vielleicht, dann wieder in ein unbeschreiblich schönes Gesicht. Ihr Unbewußtes läßt die verschiedenartigsten Bilder vor Ihnen erscheinen, und Sie können all die unbewußten Bilder sehen, die Sie von Ihrem Freund haben und die sonst stets unter der Oberfläche Ihres Bewußtseins schlummern.

Sie sollten allerdings nicht versuchen, diese Bilder zu analysieren, und am besten nicht viel darüber sprechen. Wenn Sie diese

Übung regelmäßig einmal in der Woche machen, werden Sie feststellen, wie sich Ihre Phantasiebilder ständig verändern. In manchen Sitzungen werden Sie überhaupt keine Veränderungen feststellen und das Gesicht des Freundes nur einfach so sehen, wie es ist; ein anderes Mal wird es sich in etwas völlig anderes verwandeln. Machen Sie diese Sitzung jeweils so lange, bis einer von Ihnen aufhören möchte.
Das gleiche können Sie auch allein tun, indem Sie sich selbst im Spiegel anblicken. Denken Sie aber immer daran, daß eine Analyse dieser Bilder überhaupt keinen Sinn hat; Sie sollten diese Übung eher spielerisch auffassen und einfach genießen!

Die Trennung

Manchmal endet eine Beziehung. Dies ist nicht unbedingt eine Tragödie. Es bedeutet nur einfach, daß Sie einander gegeben haben, was Sie sich geben konnten, und daß Sie nun andere Bedürfnisse haben, zu deren Erfüllung entweder Einsamkeit nötig ist oder ein neuer Partner. Es gibt nichts, was wir dagegen tun könnten. Manche Beziehungen dauern ein Leben lang, andere enden von heute auf morgen.
Sich mit Würde voneinander lösen zu können, ist vielleicht die größte Herausforderung! Wichtig ist, daß Sie sich ganz stark in Ihr eigenes Zentrum zurückziehen. Auch müssen Sie den emotionalen Druck, der sich in Ihnen aufstaut, herauslassen. Wenn Sie auch während der Dauer der Beziehung immer Ihr eigenes inneres Zentrum bewußt genossen haben, wird es Ihnen weniger schwerfallen, sich zu lösen, als wenn Sie sich völlig im anderen verloren haben.
Joel Kramer* spricht es in seinem Buch «Die Leidenschaft

* München 1981.

der Erkenntnis» sehr deutlich aus: «Liebe kommt und geht; wir haben keine Kontrolle über sie. Sie ist wild und frei zu tun, was sie will. Sie ist ein Geschenk, an dem wir uns erfreuen können, solange wir es haben; und wir müssen willig Abschied nehmen, wenn es uns verläßt.»

Häufig verlangen wir von unserem Partner, er möge nie aufhören, uns zu lieben. Mit dieser Forderung handeln wir entgegen der Natur der Liebe. Wenn wir aber akzeptieren, daß Liebe kein Besitz ist, können wir auch die sich ändernden Gefühle unseres Partners akzeptieren. Und wenn wir uns daran gewöhnen, daß unser Partner uns nicht immer gleichmäßig stark liebt, fürchten wir uns weniger davor, auch über längere Zeit ohne seine Liebe auszukommen. Und wenn wir mit uns selbst ehrlich sind, erkennen wir, daß auch unsere Gefühle für unseren Partner nicht immer gleichmäßig stark sind.

Sprechen Sie darüber mit Ihrem Partner. Sprechen Sie auch über die Schuldgefühle, die vielleicht in Ihnen entstehen, wenn Sie spüren, daß Sie ihm zeitweilig nicht die Liebe geben können, die er von Ihnen erwartet. Auf diese Weise kann sich Ihre Beziehung ständig erneuern und entwickeln. Wenn Sie alles riskieren, können Sie alles gewinnen!

Es kann auch geschehen, daß Ihre Liebe füreinander für Tage, Wochen, oder sogar für eine längere Zeit nicht mehr vorhanden ist. Es kommt vor, daß Menschen jahrelang getrennt voneinander leben und eines Tages feststellen, daß das Verlangen nach dem anderen sich wieder einstellt und ihre Liebe füreinander wieder zurückkehrt. Aber nur, wenn Sie sich mit Würde von Ihrem Partner trennen, können Sie die Tür für eine Rückkehr offenlassen.

Kapitel zehn

Was ich noch sagen wollte ...

Die Freude an der Suche

Wir haben uns mit den verschiedensten Aspekten der Jagd beschäftigt, vom Reflektieren über Ihre tieferen Bedürfnisse und Sehnsüchte bis hin zur Begegnung mit dem gesuchten Menschen und der Entwicklung einer erfolgreichen Beziehung mit Ihrem neuen Partner.

Aber wir sollten bei all diesen Techniken und Übungen, die wir kennengelernt haben, nicht übersehen, daß die *Freude an der Suche* für den Erfolg von wesentlicher Bedeutung ist. Dadurch, daß Sie nach jemandem suchen, den Sie nicht kennen, den Sie noch niemals vorher gesehen haben, öffnen Sie sich natürlicherweise für *alle* Erfahrungen, die Sie während der Suche nach diesem Menschen machen.

Ein Meister in der Kunst des Jagens, gleichgültig, ob er ein erlegbares Wild jagt, einen neuen Liebhaber oder einen neuen

Vizepräsidenten, weiß, daß er stets offen und flexibel bleiben muß, wenn seine Jagd Erfolg haben soll. Wenn Sie spüren, daß Sie diese Offenheit verloren haben, müssen Sie eine Pause einlegen, sich entspannen und warten, bis Sie wieder genügend persönliche Kraft haben, um sich der Herausforderung der Jagd von neuem zu stellen.

Ich habe meist den Begriff «der Jäger» in der männlichen Form benutzt, wenn ich von einem Menschen sprach, der auf der Suche ist; teilweise auch deshalb, weil der Jäger im traditionellen indianischen Sinn eben ein Mann ist; Frauen gehen in diesen Kulturen traditionsgemäß nicht auf die Jagd. Aber natürlich ist bei meinen Ausführungen ebenso die Frau gemeint, die sich auf die Suche, auf die Jagd nach einem neuen Partner, Liebhaber oder Freund begibt. Ich hoffe sogar, daß gerade unter den weiblichen Lesern sich viele für den Weg, für die Lebensweise eines «Jägers» entscheiden mögen, für einen Lebensweg, der traditionsgemäß bisher nur den Männern vorbehalten war.
Ich bin eigentlich glücklich, in einer Zeit zu leben, in der viele Ungerechtigkeiten und Vorurteile Frauen gegenüber nicht mehr bestehen oder in Auflösung begriffen sind. Natürlich gibt es Unterschiede zwischen den Geschlechtern, aber die Ähnlichkeiten überwiegen bei weitem. Eine Frau muß ein ebenso starker und guter Jäger sein wie der Mann, wenn die Jagd nach einer Beziehung zwischen zwei gleichwertigen, freien Menschen erfolgreich sein soll.
Zum Abschluß möchte ich auf einen besonderen Aspekt hinweisen, den ich bewußt bis jetzt noch nicht angesprochen habe. Wenn Sie diesen Aspekt außer acht lassen, können Sie vielleicht den richtigen Partner finden, trotzdem aber keine erfolgreiche Beziehung zu ihm aufbauen.

Die Energie der Liebe

Ich habe das Wort Liebe bisher vermieden, weil wir so viele verschiedene Vorstellungen damit verbinden und dieses Wort schon so abgenutzt ist, daß seine Verwendung vielleicht eher zu Verwirrung und Mißverständnissen als zur Klärung beigetragen hätte. Jetzt aber ist es an der Zeit, über die Liebe zu sprechen, nicht als philosophische Vorstellung, sondern als eine reale, körperliche Energie.

Menschen, die einsam und verbittert sind, befinden sich in einem Zustand der seelischen Einschränkung und Abkapselung. Sie haben wenig Energie, wenig Vitalität und leiden unter einem Druckgefühl und Verspannungen in der Herzgegend.

Liebe scheint mit einem bestimmten körperlichen Empfinden in der Herzgegend zusammenzuhängen. Ein Mensch, der sich jeder neuen Begegnung verschließt, hat das physische Empfinden, daß sein Herz schwer und schmerzhaft verkrampft ist. Wenn dieser Mensch sich aber öffnet, um andere Menschen in sein Bewußtsein miteinzuschließen, fühlt er körperlich, wie sein Herz leichter wird, und er fühlt, wie eine unbekannte Energie seinen Brustkorb weitet und vom Herzen her durch den Körper strömt, die wir mit dem Wort Liebe bezeichnen.

Sie erinnern sich, daß wir unsere Übungen damit begonnen haben, daß Sie sich direkt auf Ihr Herz konzentrierten. Ich weiß, daß dies für manche unter Ihnen, denen ihr Herz gerade weh tat, nicht leicht war. Aber es war unbedingt notwendig. Vor diesem Schmerz davonzulaufen, ihn zu verdrängen, verlängert nur den unangenehmen Zustand. Ich hoffe also, daß Sie nun damit beginnen, Ihr Herz zu weiten, indem Sie ihm bewußte Aufmerksamkeit schenken und Ihre ganze verfügbare Energie zu ihm senden.

Manche von uns laufen mit gebrochenem Herzen herum, seit ihre Mutter ihnen ihre totale Aufmerksamkeit entzogen hat. Aber nur, wenn wir diese Tatsache klar erkennen und akzeptieren, können wir über diesen Trennungsschmerz hinwegkommen und uns einer neuen, erfüllenden Beziehung zuwenden.

Was ist jetzt zu tun?

Die meisten von Ihnen werden dieses Buch zunächst im Schnellverfahren gelesen haben, um einen Überblick über den Inhalt zu bekommen, und sich jetzt fragen, wie sie das Übungsprogramm am besten angehen sollen und welche Textstellen, welche der Übungen für sie am wichtigsten sind.
Halten Sie jetzt einfach einmal mit geschlossenen Augen einen Moment inne, machen Sie ein paar Atemzüge lang die Zentrierübung (volles Bewußtsein der Atmung, des Herzens, des gesamten Körpers). In diesem Zustand lassen Sie dann einfach, ohne sich anzustrengen, Erinnerungen aus dem Gelesenen in Ihr Bewußtsein hochsteigen. Ihr Unbewußtes kann Ihnen am besten sagen, mit welchen Fragen Sie sich noch tiefer und eingehender auseinandersetzen sollten. Alles, was Sie dazu tun müssen, ist, einen Moment lang innezuhalten, die Gegenwart zu genießen und abzuwarten, was für Erinnerungen in Ihnen aufsteigen.
Machen Sie diese Meditation, und sehen Sie, welche Übungen jetzt in Ihrer Erinnerung aufsteigen, und dann kehren Sie zu dem entsprechenden Kapitel zurück.
Zum Abschluß habe ich noch eine Bitte an Sie: Wenn Ihre gesuchte Begegnung stattgefunden hat und Sie eine neue Beziehung beginnen, würde ich mich freuen, wenn Sie mir einen

kurzen Bericht darüber schicken würden (an die Adresse des Rowohlt Verlages), wie die Begegnung sich abgespielt hat und welche Erfahrungen Sie im allgemeinen mit diesem Übungsprogramm gemacht haben. Diese Informationen können dazu beitragen, die Materie noch besser verstehen zu lernen. Ein Programm wie dieses kann niemals abgeschlossen sein. Immer wieder gibt es neue Erkenntnisse, die sich in Erweiterungen und Verbesserungen niederschlagen, und Ihre persönlichen Erfahrungen können viel dazu beitragen. Und wenn Sie mir Ihre Erlaubnis dazu geben, werden vielleicht Ihre Erfahrungen, natürlich unter Wahrung der Anonymität, in einer weiteren Ausgabe dieses Buches veröffentlicht werden, oder sie werden doch jedenfalls in die weitere Entwicklung des Programms einbezogen werden können, um auch anderen Menschen zu dem zu verhelfen, was Sie erreicht haben: einer erfolgreichen Beziehung und der Erfüllung Ihrer Bedürfnisse. Natürlich können Sie auch anonym, ohne Angabe von Namen und Adresse, an mich schreiben.
Ich hoffe jedenfalls, daß dieses Programm Ihnen bei Ihrer Suche nach den richtigen Beziehungen in Ihrem Leben weiterhelfen wird und wünsche Ihnen Freude und Erfolg bei Ihrer persönlichen Jagd!

Anhang

Übersicht über das Übungsprogramm

Nachdem Sie nun das Buch einmal vollständig durchgelesen haben, können Sie diese Übersicht dazu benutzen, noch einmal in zusammengefaßter Form das Programm durchzugehen und sich die Übungen herauszusuchen, die Ihren momentanen Bedürfnissen entsprechen.

1. *Erkennen der Grundbedürfnisse*
   Werden Sie sich bewußt, wo in Ihrem Körper Sie das Bedürfnis empfinden.
   Stellen Sie fest, wie dieses Bedürfnis Ihre Atmung beeinflußt.
   Reflektieren Sie darüber, welche Schritte Sie unternehmen müssen, um Ihr Verlangen zu erfüllen.

2. *Gespräch mit einem Freund*
   Sprechen Sie mit jemandem, der Ihnen nahesteht, über Ihre Bedürfnisse.
   Beschäftigen Sie sich eingehend mit den ersten zwölf Fragen.

3. *Anderen geben*
   Reflektieren Sie über Ihre Bereitschaft zu geben.
   Blicken Sie ehrlich und klar in Ihr Inneres.

4. Über die Vergangenheit reflektieren
Reflektieren Sie über die sieben Fragen über Ihre Kindheit.

5. Therapiespiele
Gehen Sie die verschiedenen Therapiespiele noch einmal durch.
Erkennen Sie Ihre Ängste und Hemmungen.

6. Emotionale Heilung
Nehmen Sie sich regelmäßig Zeit, in einer Therapiesitzung Ihre aufgestauten Gefühle herauszulassen.
Beobachten Sie jeden Tag Ihre Atmung.

7. Ihre eigene Gegenwart erspüren
Beobachten Sie zuerst Ihre Atmung.
Erweitern Sie Ihr Bewußtsein auf Ihren gesamten Körper.
Schließen Sie nun auch den Sie umgebenden Raum in Ihr Bewußtsein mit ein.

8. Mit dem ganzen Körper sehen
Erspüren Sie Ihre eigene Gegenwart.
Dann lassen Sie Ihre Augen sich langsam von selbst öffnen.
Sehen Sie «alles gleichzeitig».

9. Entwicklung persönlicher Stärke
Machen Sie regelmäßig die zwölf Bewegungsübungen.
Denken Sie an die Regeln zur Reduzierung von Angstgefühlen.

10. Attraktiver werden
Gehen Sie noch einmal die vier Regeln zur Entwicklung der persönlichen Anziehungskraft durch.

11. In der Gegenwart leben
Konzentrieren Sie sich auf die sinnlichen Empfindungen dieses Augenblicks.
Machen Sie so oft wie möglich die Übung des «inneren Lächelns».

12. Erweitern der Wahrnehmungsfähigkeiten
Mit dem Körper sehen.
Atmen durch die Augen.
Sehen ohne Erwartungshaltung.

13. Mehr Bewegung
Sehen Sie oft in der Art des «Entdeckens von Bewegung».
Verbessern Sie Ihre gegenwärtigen Bewegungsgewohnheiten.
Machen Sie die Übungen zur Entwicklung persönlicher Stärke.
Raffen Sie sich öfter auf, Sport zu treiben.

14. Die gegenseitige Anziehung zwischen zwei Menschen
Den eigenen Bereich mit jemandem teilen können.
Die Gegenwart Ihres neuen Freundes in Ihrer eigenen Welt.

15. Die erfolgreiche Begegnung
Suchen und Finden der Ziele.
Neue Begegnungen mit bekannten Freunden.
Die richtigen Jagdtechniken.
Während der Begegnung das eigene innere Zentrum halten.

Übersicht über die einzelnen Bewegungsübungen

Sobald Sie mit dem gesamten Programm vertraut sind, können Sie sich auch nach Belieben einzelne Übungen heraussuchen. Zunächst aber sollten Sie jede der Übungen oft genug gemacht haben, um sie so auswendig zu können, daß Sie sie nicht mehr falsch machen. Die Übersicht über das Cassetten-Programm zeigt Ihnen, durch welche Übungen Sie sich unter gesprochener Anleitung führen lassen können.

Übung 1: Zentrieren
Übung 2: Nackenrollen
Übung 3: Den Körper ausschütteln
Übung 4: Auf- und Abspringen

Übung 5: Massieren
Übung 6: Vornüberbaumeln
Übung 7: Auf den Körper klopfen
Übung 8: Stoßen

Übung 9: Dehnen und Strecken
Übung 10: Das Atmen mit dem Becken
Übung 11: Mit Energie aufladen
Übung 12: Die eigene Stärke spüren

Da diese Bewegungsübungen viele instinktive Gefühle stimulieren und spontane Atemmuster aktivieren, die oftmals durch Hemmungen blockiert sind, stellen die Bewegungsübungen in sich selbst bereits ein Therapieprogramm dar. Sie werden feststellen, daß sich Ihr Bewußtsein, nachdem Sie durch diese zwölf Übungen gegangen sind, bereits erstaunlich erweitert hat.

EINANDER FINDEN

CASSETTEN-PROGRAMM

Zu diesem Buch gibt es sechs Cassetten-Programme, die von John Selby entwickelt wurden. Die ersten beiden Cassetten bilden das Grundprogramm und leiten Sie durch die im Buch beschriebenen Grundübungen und Meditationen. Die weiteren Aufnahmen des Ergänzungsprogrammes ermöglichen eine Auswahl verschiedener Programme, die Sie auf Ihre persönlichen Interessen abstimmen können.

GRUNDPROGRAMM:

Cassette eins: «Einander Finden» DM 22.–
DIE ERSTE SEITE leitet Sie durch den Beginn des Buches und hilft Ihnen, Ihre zwischenmenschlichen Bedürfnisse klar zu sehen und Ihr eigenes Zentrum auf einer tieferen Ebene zu finden.
DIE ZWEITE SEITE führt Sie durch eine Meditation, die Ihre persönliche Anziehungsfähigkeit stärkt und es ermöglicht, Kontakt mit der gewünschten Person «dort draußen» aufzunehmen.

Cassette zwei: «Übungen zur Entwicklung persönlicher Kraft» DM 22,–
DIE ERHÖHUNG der vitalen Energie durch Bewegung ist der Kern dieses Buches. Die erste Hälfte der Cassette führt Sie durch zwölf aufeinander abgestimmte Übungen, die auch im Buch abgebildet sind.
DIE ZWEITE SEITE bietet Ihnen eine Serie von Entspannungs- und Zentrierübungen, mit deren Hilfe Sie jederzeit aus den Ängsten und dem Stress des Alltags zurück zu Ihrem körperlichen Gleichgewicht und Wohlbefinden finden.

ERGÄNZUNGSPROGRAMNM:

Cassette drei: «Emotionale Entwicklung» DM 22,–
Seite a) Ausdruck und Befreiung der Gefühle
Seite b) Heilung und Erweiterung der Gefühle

Cassette vier: «Geistige Entwicklung» DM 22,–
Seite a) Selbstbewußtsein und Balance
Seite b) Meditation zur geistigen Erweiterung

Cassette fünf: «Das Zurückblicken in Deine Kindheit»
DM 22,–
Seite a) Freisetzen von Erinnerungen und Energien
Seite b) Wiedergewinnung der Kraft und Freude

Cassette sechs: «Erweiterung der Wahrnehmungskraft»
DM 22,–
Seite a) Ausdruck der eigenen Zuversicht und Kraft
Seite b) Ausdruck von Liebe und Zufriedenheit

BESTELLUNG:
Alle Cassetten sind in deutscher oder englischer Sprache erhältlich. Senden Sie bitte die gewünschten Cassetten-Programme mit einem Scheck an folgende Adresse:
    Birgitta Steiner
    Postfach 6762
    7800 Freiburg
    Postgirokonto: 244342-759 (BLZ 66010075)

EINANDER FINDEN – WORKSHOPS:
Diese Seminare bieten die Möglichkeit, die im Buch aufgeführten Techniken und Meditationen unter Leitung von John Selby und Mitarbeiter direkt zu erleben und zu diskutieren. Nähere Informationen erhalten Sie unter obiger Adresse.

Peter Lauster

Begabungstests
Wo liegen Ihre Fähigkeiten und Talente?
Mit Diagnosekarte (6844)

Berufstest
Die wichtigste Entscheidung im Leben
richtig treffen (6961)

Lassen Sie der Seele Flügel wachsen
Wege aus der Lebensangst
(7361)

Die Liebe
Psychologie eines Phänomens
(7677)

Lebenskunst
Wege zur inneren Freiheit
(7860)

Wege zur Gelassenheit
Souveränität durch innere Unabhängigkeit
und Kraft (7961)

rororo sachbuch

Lernprogramme

Kurt Werner Peukert
Sprachspiele für Kinder
Programm für Sprachförderung in
Vorschule, Kindergarten, Grundschule und
Elternhaus (6919)

L. Schwäbisch/M. Siems
**Anleitung zum sozialen Lernen für
Paare, Gruppen und Erzieher**
Kommunikations- und Verhaltens-
training (6846)

Manuel D. Smith
Sage nein ohne Skrupel
Techniken zur Stärkung der
Selbstsicherheit (7262)

Friedemann Schulz v. Thun
Miteinander reden
Störungen und Klärungen. Psychologie
der zwischenmenschlichen
Kommunikation (7489)

F. Teegen/A. Grundmann/A. Röhrs
Sich ändern lernen
Anleitung zu Selbsterfahrung und
Verhaltensmodifikation (6931)

Christof Vieweg
Achtung Anfänger
Tips für Führerscheinbesitzer und solche,
die es werden wollen (7810)

Eine
Auswahl

Bernd Weidenmann
Diskussionstraining
Überzeugen statt überreden.
Argumentieren statt attackieren (6922)

C 2177/1 a